細くて長い形の文化

Culture of slender and long shapes

It started with the upright bipedal walking of humans

それは人類の直立二足歩行から始まった

前川善一郎
MAEKAWA ZENICHIRO

幻冬舎MC

細くて長い形の文化

――それは人類の直立二足歩行から始まった――

「皆様、はじめまして。私は〝細くて長い形〟です」

突然の自己紹介でびっくりされたかもしれませんが、「細くて長い形」をした仲間は思いのほかに沢山います。まずは、貴方の身の回りを見渡してください。貴方が家の中にいるのならば、柱や天井の梁を細長い形と認識されるでしょうし、食卓の上にある箸や爪楊枝も同じように感じられます。勉強机の上に載っている鉛筆や物差し、電話の配線などもしかりです。さらに、ノートに書かれている平仮名も細くて長い線の集まりです。庭に目をやると、樹木の幹や枝、草や蔓、蜘蛛の巣の糸など細長い形が目に飛び込んできます。屋外では、電柱や電線や、いつも通る散歩道そのものもまたしかりです。これらの対象物は、大きさが違うし素材も違うけれども、何故すべて細長く感じるのでしょうか。その答えは対象物すべてに共通しているからことがあるからです。

それは、対象物の縦の長さに比べて、横の長さまたは断面積が著しく小さいことです。人類の脳は、そのような対象物を「細くて長い形」と認識します。そして、人類は、私「細くて長い形」をしたものからは、すらっとした好印象を持って受け入れてくれているようです。もちろん蛇などの例外もあるかと思いますが。蛇をきらいという人は、きっと、あの不気味な目、ちょろちょろと出る赤い舌、ぬるっとした表皮などがきらいな原因だと思います。しかし、蛇をきらいな人でも、蛇の細長い形が、丸くなってとぐろをまいたり、木の幹を伝わったり、岩陰の細い隙間をすばやく通れるなど、場所に応じて、細長い形を変えてすばやく動き回ることのできる自由度の高さには感心されるでしょう。「細くて長い形」が素晴らしい可能性を秘めていることを教えてくれているようです。

プロローグ――「細くて長い形の文化」をめぐる旅の始まり

　私は、二〇一四年五月、イタリアのボルツァーノ県立考古学博物館を訪問した。考古学博物館のあるボルツァーノはアルプス山脈の南麓にあり、約六〇km北上するとオーストリア国境に至るイタリア北部の人口約一〇万人の静かな高原の町である。この考古学博物館には、「氷の中からやってきた男」アイスマンのミイラが眠っている。約五三〇〇年前の男性のミイラはエッツィの愛称で呼ばれている。オーストリアのエッツ渓谷奥地で見つかった雪男から名付けられたのである。

　考古学博物館に着くと、ただちに階段を上がりアイスマンの特別室に直行する。この部屋の温度と湿度はアイスマンが氷河の中にいたときと同じ状態に保たれている。特別室の見学希望者が行列を作っている。順番が来て、一定時間の見学を許され、分厚いガラス窓から覗くと、そこにエッツィが仰向きに横たわっていた。エッツィは両足をきっちり揃え身体を一直線にして、右手を少し開き、身体をかばうように左手を直角方向に不自然に伸ばしている。私は、エッツィの硬直した茶褐色の身体から「なんと真っすぐ！　ぐっと突き出た枝のつい

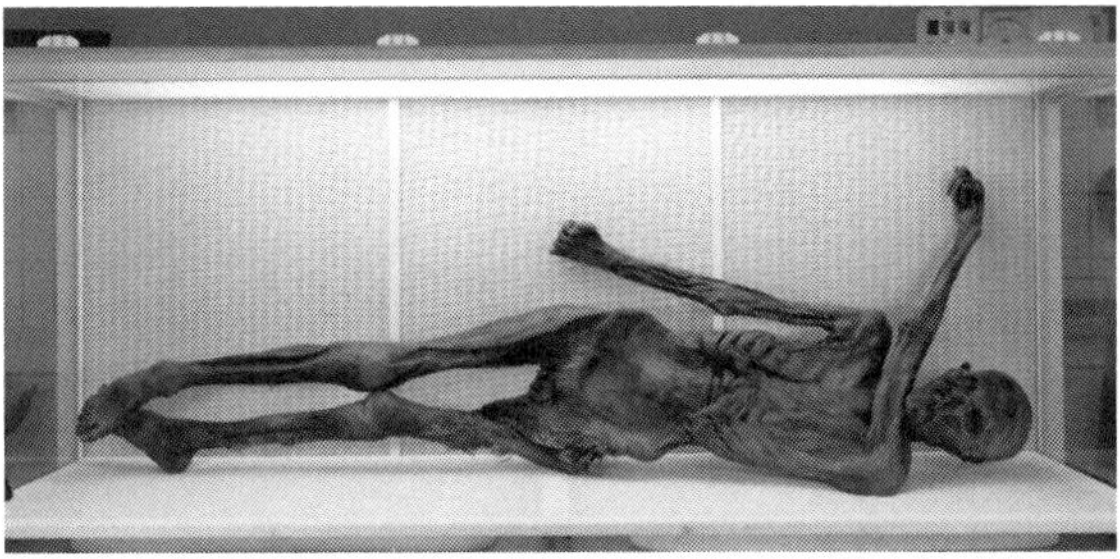

アイスマン・エッツィ（写真提供 ユニフォトプレス）

た木の幹にそっくり」と思わず叫んだ。

アイスマン・エッツィ　一九九一年にイタリア・オーストリア国境のエッツ渓谷の標高三二〇〇mの氷原で、うつむいた姿勢の状態で見つかった。紀元前三三〇〇年頃の青銅器時代に、アルプス山麓を闊歩していた男性が、衣服をつけて、所持品も持った状態で、氷原の中からタイムスリップして出てきたのである。エッツィの身長は一六〇～一六五cm、体重は四〇～五〇kgで、死亡時は四六歳前後だったと推定されている。エッツィは矢が左肩に突き刺さり、出血多量で人生の最後を迎えたようである。もちろん、五三〇〇年の年月は身につけていた衣服や所持品を風化させて原形をとどめておらず、エッツィは半裸の状態で横たわっていた。しかし、最後の日のエッツィの姿は残存している物から十分に推測できる。エッツィは毛皮で作られた上着、同じく毛皮でできたストッキングのようなズボン、毛皮の帽子、底革の靴で身体を保護していた。エッツィが眠る特別室に隣接された展示室に、エッツィの最後の日に身につけていた衣服・所持品が展示されている。

私は、繊維材料の研究に長年携わってきて、繊維材料から作られる衣服や道具に強い関心を持ってきた。一九九一年九月二五日、エッツィ発見の衝撃のニュースが世界中を駆け巡った日のことを私は鮮烈に覚えている。私は、五三〇〇年前に実際に生活していた人を何としてもこの目で見たいと思った。エッツィの身につけていた衣装、エッツィの持っていた道具のとりこになったのである。

エッツィの身の回り品　アルプス山麓のきびしい風雨から身を守るために、エッツィはマントで身体を覆っていた。マントの残存物が展示されている。全長九〇㎝ほどの膝まで届くマントは、縄を編んで作られている。縄は草の繊維からできているらしい。このマントは着脱が容易で、休憩の時は脱いで敷物にしたり、寝る時は上に掛けたと思われる。さらに、エッツィは完成間近の弓と十四本の矢、矢を入れる矢筒、銅の刃がついた木製の斧、鞘の付いた石の短剣、材木で骨格を作った背負い籠なども身につけていた。上着は、なめされた毛皮の細片

エッツィが使用していたマントの残存物（写真提供 ユニフォトプレス）

を、動物の腱を撚った糸で縫い合わせて作られている。ストッキングのようなズボンも、毛皮の細片を上着と同じ糸で縫い合わされて作られている。さらに、革製の靴底を革製の紐でつなぎ、足に固定する靴を履いていた。毛皮の帽子にもあご紐が付いていた。エッツィの身体を包んでいた衣服に繊維材料が大活躍だった。

エッツィの身の回り品にも、繊維材料が沢山使われている。銅刃がついた長さ約六〇cmの木斧や腰につけていた石刃の短剣には、刃と木柄を固定するのに樹皮の紐が使われている。木の棒と木板で骨格を作った背負い籠の付近から多くの縄が見つかり、籠の外郭に使われていたと考えられている。展示品を一つひとつ丹念に見

アイスマン・エッツィの復元人形
（写真提供 ユニフォトプレス）

ていて、エッツィの最後の日の衣服や身の回り品を作るのに、繊維材料がいかに不可欠な材料であったかを改めて認識できた次第である。展示室の出口付近には、エッツィの復元人形が立っている。顔や手には、骨格から予想される筋肉や皮膚を付けてあり、生きているエッツィが今にも話し出しそうだ。私は長年の夢をかなえた至福の時間を過ごすことができたのである。

考古学博物館を出て、昼下がりのボルツァーノの街を駅に向かって歩いていると、犬を連れて散歩している家族が目の前を歩いていた。夫婦と子供の三人連れである。直立の姿勢でスムースに足を交互に運んで歩いている大人たち、直立した姿勢を前後左右に揺らしながら走り回る子供、その一方で、飼い犬が四つ足で子供にじゃれて動き回っている。エッツィを見た後なので、いつも見慣れている風景が違った角度から印象深く見えた。多くの哺乳動物は四つ足で歩行しており、たとえ直立できる動物でもその姿勢でスムースに長時間は動くことができない。一方、人間だけが特別な存在で、大変むつかしい直立二足歩行が容易にできる動物であることを改めて強く感じたことを覚えている。そして、駅前の広場にいる多くの人々が、直立している柱の群像のように思えた。一番びっくりしたのは、三人連れの家族の向こう側に復元されたあのエッツィにそっくりの人が笑って立っていたことである。

ボルツアーノ訪問後も至福の時間の記憶はたびたび蘇り、エッツィや人々の真っ直ぐな直立した形、人々の生活を支えた繊維材料の数々を思い浮かべていると、これらがすべて「細くて長い形」で共通していることに思い至った。「細くて長い形の文化」の始まりが見えた瞬間であった。

目次

第2章 「細くて長い形」を使う文化 39

第3章「細くて長い形」で伝える情報と文化

第4章 「道」――「細くて長い形」を歩く文化 176

第1章　「細くて長い形の文化」は直立二足歩行から始まった

地球上の多くの地域や多くの民族のもとで、特色ある多彩な「細くて長い形の文化」が花開いた。しかし、多岐にわたる「細くて長い形の文化」も、発達の過程をたどっていけば、源流にたどりつく。

I　人類は生き残るために直立二足歩行と体毛喪失の道を選んだ

最初の人類である猿人が、類人猿などの霊長類の中から分岐して生まれてから、おおよそ七〇〇万年が経過している。猿人の分類に入るルーシーとその家族が、約三〇〇万年以前にエチオピア北東部ハダール村付近で生活していたことが知られている。ルーシーの命名者は、その化石人骨を発見したドナルド・ジョハンソンとトム・グレイで、当時流行していたビートルズの流行曲の題名から命名された。発掘時に全身の約四〇％にあたる骨がまとまって見つかったことから、ルーシーの身体の特徴が判明できた。ルーシーは、脳の容量四〇〇cc、身長一〇五cm、体重二八kgのチンパンジー並みの女性で、手の指の骨から、枝などにつかまりやすい骨格構造を持つ一方で、骨盤や大腿骨などの形状から、現代人とほぼ同じ二足歩行できる骨格を持っていた。これらの根拠から、ルーシーとその家族は森の中で樹上生活をしながら、二足歩行で森の中や周辺を歩き、木の実などを採取していたと考えられている。

その後、人類の先人たちは、おおよそ二〇〇万年前に森の中の樹上生活から、草原に進出して生活する方向に舵を切った。その変化に適応すべく、人間の体形も進化していった。危険の多い草原で生き抜くためには、草原を遠くまで見渡しながら、武器などの荷物を持って長時間歩くことが必要となる。そのため、歩行の際に衝撃を吸収し、安定した歩行ができるように、足の親指がずんぐりとなり、親指以外の四本の指が短くなり、土踏まずの湾曲部ができた。さらに、身体全体にも変化が生じた。上半身を安定させるために人間の骨盤が短く横に開いた形になり、がに股に湾曲していた大腿骨がまっすぐに変化し、骨盤から内側に

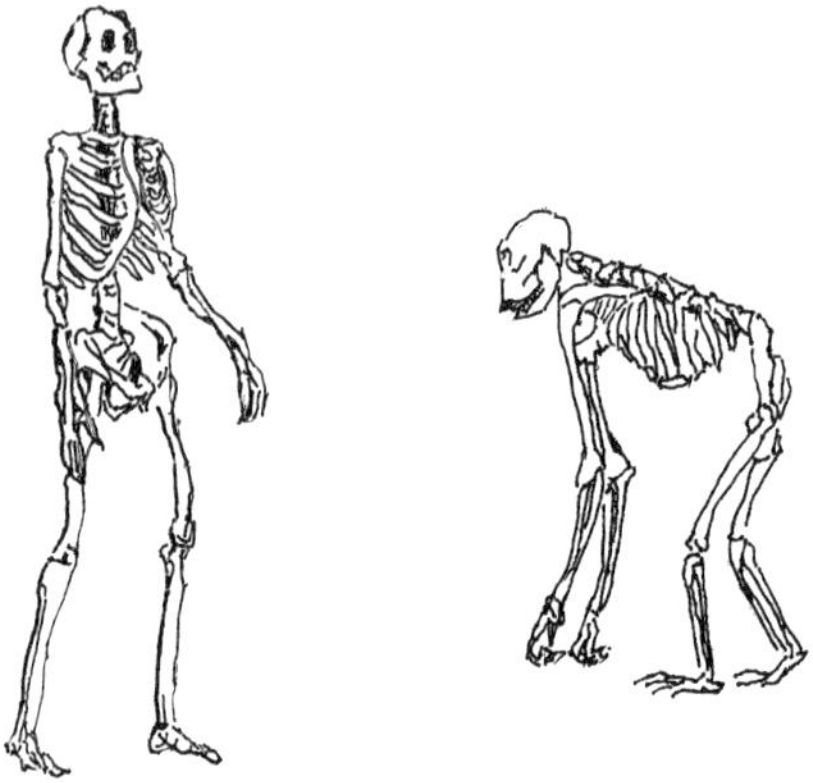

図1-1　直立姿勢をとった人間の骨格（左）とチンパンジーの骨格（右）

向かって伸びていった。人間の背骨が胴体の下部で内側に曲がり、首の方に向かうにつれて外側に曲がるS字型に湾曲するように変化し、頭の位置が背骨のラインの真上に位置するようになった。人類の体形は、これらの変化によって、頭・背骨・腰・足が並ぶ直立した姿勢になり、エネルギー効率のよい安定した直立二足歩行が可能になった。人間のつま先から頭までが、一本の線でつながるようになったのである。まさに、人類と「細くて長い形」との最初の出会いが生まれた瞬間であった。直立姿勢をとった人間の骨格と、比較のためにチンパンジーの骨格を合わせて**図1-1**に示す。

体毛喪失の道　直立二足歩行するひ弱な人類の前に多くの試練が待ち受けていた。山火事や暴風雨や落雷などの天災はもちろん、恐ろしい捕食動物が先人たちを襲い、恐怖におののき逃げまどっていたであろうと容易に想像できる。人類は生き残るために危険をいち早くキャッチして危険を回避する必要があった。ここで、皮膚科学研究者の傳田光洋氏は皮膚に注目した興味深い報告をしている。人体の皮膚は視覚、聴覚、臭覚、味覚、触覚の五感すべてと、目や耳で感知できない紫外線、超音波、気圧の変化などまで感知できる驚くべき感覚器であることを実験で検証した。皮膚が〝0番目の脳〟とも言われている所以である。

類人猿から枝分かれして生まれた猿人は、類人猿と同じく全身を体毛で覆われ、外界の情報をキャッチする感覚器は目、耳、鼻、舌に集約されていたが、人類はおよそ百数十万年前に体毛を喪失させ皮膚を露出する道を選択した。センサー機能を持つ皮膚が外界の危険のシグナルを素早くキャッチして危険回避の行動をとることができたのである。人類はこのすぐれた皮膚細胞を全身の表面に覆うことで危険を回避する能力を一段とアップさせ生き残ることができたのである。

人類は火を味方につけた

草原を生活圏とした人々は、全身がつるっとした柱のような群像であり、遠くからでもよく見つけられたであろう。その上、ひ弱で走る能力も劣っていたので、捕食動物からは恰好の餌の動物に写ったであろう。先人たちはこの特異な体形を恨んだかもしれない。何はともあれ、細くて長い体形は人間の脳裏に深く刻まれたにちがいない。古代の人々はいつから火を使うことを覚えたのであろうか。最初は、他の動物たちと同じように山火事などが発生すると、人々は迫ってくる火から身を守るために逃げまどっていたに違いない。しかし、山火事が鎮火した森で、ちょろちょろと火が燻っている小枝を、勇気を出して触れてみたのではないだろうか。その時、大火は恐ろしいけれども、小さい火なら燃えていない部分に触れることができるし、怖くないと感じたと想像できる。古代の人々が火を味方につけた恩恵は計り知れないものがある。

第一の効用　焚火をして手をかざすと、暖かくて体温が上がる。体毛の喪失した人類に暖かさを提供し、寒さから人類を救うことができるようになった。

第二の効用　人間以外の動物が火を恐れることを知って、非力な人間が燃えている木を振りかざして、今までは逃げ回っていた捕食動物を追い払う武器を人類は手に入れた。夜中に焚火を絶やさないでいると、怖い動物が近づかず、安心して眠ることができるようになった。

◆人類は「ホモ・サピエンス」になった

直立二足歩行することで起こった体形の変化と体毛喪失によって、大きく進化した人間の臓器がある。それは脳である。人間の体形が一直線に直立することで、頭が重くなっても支えられることができるようになった。人間の場合、重い頭は首に押し付ける力（圧縮荷重という）となって働くが、四足動物では、重い頭は首を曲げる方向に働く力（曲げ荷重という）となり、私の試算によれば、圧縮荷重よりも約四〇倍の力となって首に負担をかける。そのため、脳の容量が大きくなる進化は、直立した人間が享受することになった。そして、脳が大きく進化するきっかけを作ったのが体毛喪失である。膨大な数の皮膚細胞から発せられる危機信号を皮膚自体で情報処理する一方、脳にも信号を伝達し脳で情報処理する必要から脳の機能も拡大して脳は大きく進化したのである。

その結果、人間はラテン語で「知恵のある・人」を意味するホモ・サピエンスになった。進化した脳から多くの知恵が生み出され、今日の人類の繁栄の原点となった。現在でも、頭の上に大きな水がめを載せたアフリカの女性が、大切な水を遠く離れた水源から歩いて村まで運んだり、重い荷物を頭にのせて移動する女性が活躍している。人間を象徴するこのような光景は、人間が直立二足歩行することによって可能になったわけである。

家族の誕生　しかしながら一直線の直立姿勢は必ずしも人間を利する効果をもたらしたのではなかった。母親が大きい脳を持った赤ちゃんを産むとすれば、母親の産道を傷つけることになり、子供を産むことができない。子孫が絶えてしまう由々しき問題が生じたのである。その時、人類は奇跡に近い手法でこの難問を解決した。すなわち、ほかの霊長類よりも発育の未熟な段階で産み落とすネオテニー（幼形成熟）の手段を選んだのである。その結果、未熟児で産まれた赤ちゃんが自立するまでの長い年月、母親は赤ちゃんの側を離れることができなくなった。母親が離れると、赤ちゃんは自分だけで生き残るすべを持たないからである。そこで、赤ちゃんと母親に食物などを運び、庇護する役割を担う人間が必要になった。それを父親が担うことになった。家族の誕生である。

人類は、家族を維持するために、父親である男性を長く家族のもとに引き付けるべく進化した。父親は赤ちゃんや母親の側にいると、やすらぎや愛しさを覚え、皆と一緒に過ごしたくなるようになった。火を味方につけた人類が、焚火を囲んで生まれた団らんがそれを後押ししたであろうと想像できる。その他の工夫もある。人間の生殖器はほかの霊長類に比べて非常に違っている。人間の女性の乳房は大きくて形がはっきりしている。そうでないと困る実用的な理由はない。類人猿などは乳首だけの胸元で授乳作業などを上手く行っている。さらに、人間の臀部は丸みをおびて大きく発達している。体毛が退化して、つるりとした肌も魅力的である。いかなる文化のもとで育った男性でも、ウエストサイズがヒップサイズの七〇％になっている砂時計型の女性を魅力的だと思っていることが判明している。ほかの霊長類は発情期だけ、自己のセックスアッピールをするのに比べて、人間の異性に対するアッピール期間には期限がない。これまでに述べた種々の工夫が、男性の父親を母親や赤ちゃんのもとに長く引き付け、家族で未熟な子供を育てていくことができるようになったのである。

◆ひ弱な初期の人類は過酷な環境をどのようにして生き延びたのだろうか

初期の人類の主食　草原に進出した初期の人類が生き延びるために多大な苦労をしいられたことは容易に想像できる。人類は長い年月、木の実や根菜などの採取や狩猟で食糧を確保していた。火を使うことができるようになって、獣肉を火で温めると硬くなり美味しく食べやすくなった。

しかし、狩りは必ずしも毎回成功するとは限らず、食糧をコンスタントに得ることは困難をきわめたであろう。約三〇万年から数万年前にかけて、ネアンデルタール人がヨーロッパ全域で生存していた。ネアンデルタール人の遺跡はヨーロッパ中で広く見つかっている。そのいくつかの遺跡で、動物の骨が多く出土している。割られた骨も見つかっている。長骨を割って骨髄を取り出し、食していたと推測されている。ここで注目すべき報告がある。霊長類を研究する島泰三氏は、動物の骨の栄養価が動物の肉のそれとほとんど遜色ないことに注目した。さらに、人間の硬度の高いエナメル質の歯と平らな歯列で、十分に獣骨をすり潰せることを自ら試した。

草原に進出したひ弱な人類は、狩猟動物が見向きもしない骨格の残っている動物の死骸を、草原で容易に且つ継続的に見つけることができた。人類は、人類にしか享受できない宝物を草原で見つけたのである。先人たちは石器を使って死骸から骨格の関節を砕き、骨を取り出した。さらに、石器を使って骨を砕き、口に入りやすい大きさの骨を手に入れることができた。これらの考察から、骨そのものと骨に包み込まれた骨髄が人間の主食の資格を持っていたと島氏は指摘している。ボーン・ハンティング（骨猟）によって、単に骨について残っている死肉を求めるのではなくて、人類は骨そのものを求め主食としたのである。骨髄を食する料理は、現在でも広く普及している。私は以前、ローマのテルミ駅近くのレストランで、オッソブーコ（穴のあいた骨を意味するイタリア語）の料理を食したことがある。仔牛の脛肉を骨付きのまま輪切りにして、トマトソースと一緒に煮込んだものであった。骨髄が溶けてまろみを持った酸味のある食感を今でも鮮明に覚えている。草原を生活圏にしていた動物の獣骨は、人類が生き延びるための大切な役割を果たしたのである。古代の人々が生活する住居内には、「細くて長い形」をした骨が数多く転がっていたのではないだろうか。

　また、川岸や海岸の近くにいた人類は魚や貝類なども食しただろう。他の狩猟動物に比べて、ひ弱な人間が生き抜くために、それぞれの地域で持続的に得られる食料を主食として受け入るように進化をとげていったのである。

人類は三次元空間認識能力を霊長類から引き継いだ

　霊長類は樹上生活を送っており、樹木の枝の位置を正確に把握する高度な三次元空間認識能力を有していた。人類は霊長類から進化をとげて生まれたが、この三次元空間認識能力は人類の脳の中にも引き継がれた。私たちの脳では、目から入った情報は、脳の視覚野で処理される。視覚野は三層の階層構造になっている。Ｖ１～Ｖ３と名付けられていて、Ｖ１野から順番に情報が処理され、目から入ってきた情報が何であるのかを認識している。最初のＶ１野では、一本の線分ごとの長さや傾きなどの単純な形を認識し、Ｖ２野では、それらを結び合わせて複雑な図形を作り上げ、Ｖ３野ですでに学習している図形と比較して、目が捉えた入力情報は、例えば顔とか車とかを認識していくのである。私たちの脳では、「細くて長い線分」を、最も基本的な情報として捉えているのである。さらに、人類の脳では、「細くて長い線分」を組み合わせていろいろな図形を作っている。そのような能力がインプットされている人類に、自然にある「細くて長い形」をした物を組み合わせて複雑な物を作る知恵が授かったのではないだろうか。

Ⅱ 「細くて長い形」は美しい

人類は直立二足歩行することで、人間の足のつま先から頭までが、屈曲することのない一本の線でつながることになった。人類の男性および女性は、すらっとした「細くて長い形」をしている異性を好ましく感じるように、長い年月の間に脳にインプットされてきたようである。現代の女性は、細くなる努力をしている。細く見せるファッションの工夫をしている。ハイヒールを履いて背を高く見せる工夫をしている。これらは、現代人には細くて長い体形が美しい・素晴らしいという根底の感覚が潜んでいる事を意味している。さらに、連想することが得意な人類は人間以外の「細くて長い形」をしたものに対しても違和感を抱かずに受け入れるようになったと考えてよいかと思われる。

トウシューズを履き、つま先立ちして指の先からつま先までを一本の線にして、軽やかに幻想的に舞い踊るバレリーナの姿は美しいものである。手足を思い切り伸ばしたアスリートの一瞬を捉えた写真からも躍動感や美しさを感じる。浮世絵でも、美人の象徴として女性のすっきりとした立ち姿がしばしば描かれている。私は、人の立ち姿を追っていく中で、究

図1-2　百済観音像（写真提供 ユニフォトプレス）

極の立ち姿に行き着いた。その立ち姿は、法隆寺の百済観音《くだらかんのん》のお姿である。百済観音は図1-2に示すような飛鳥時代を代表する国宝の仏像で、法隆寺の大宝蔵院に安置されている。像の高さ二・〇九m、八頭身の長身で、クスノキの一本造りである。S字型の優雅な立ち姿と、面長なお顔の口元にただようかすかな微笑みは神秘的である。この仏像には、朝鮮半島の国の百済と命名されているが、材質のクスノキから作られた仏像は朝鮮半島にはなく、日本でしかみられない。そのため、この仏像は日本で作られたことは明白であるが、作者が分からないなどミステリーに満ちた仏像である。私は約六〇年前に百済観音に初めて出会い、その後何回か拝顔しているが、いつも、ほっそりとした立ち姿に見とれて、引き込まれそして感動する。このような気持ちは私だけが受けているのではない。多くの文人たちも、この仏像から素晴らしい感動を貰っている。

例えば、哲学者で文筆家の和辻哲郎氏は述べている。「あの円い清らかな腕や、楚々として濁りのない滑らかな胸の美しさは、人体の美に慣れた心の所産ではなく、初めて人体に底知れぬ美しさを見いだした驚きの心の所産である。あのかすかに微笑みを帯びた、なつかしく優しい、けれども憧憬の結晶のようにほのかな、どことなく気味悪さをさえ伴った顔の表情は、慈悲ということのほかに何事も考えられなくなったういういしい心の、病理的と言っていいほどに激しい偏執を度外しては考えられない」と。(『古寺巡礼』岩波文庫)

百済観音は日本人だけでなく、世界中の人々をも魅了している。一九九七年にはパリのルーブル美術館で百済観音の特別展示が行われ、いろいろな国々からきた見学者からも日本のヴィーナスと高く称賛されたのである。

洋の東西と言われるように、百済観音像が東洋文明に由来する話であるならば、次に取り上げる「アダムとイブ」は西洋文明に由来する話である。キリスト教は西洋文明の根幹を形成している。キリスト教の正典は聖書(旧約聖書と新約聖書)である。旧約聖書の創世記第一章の中に、神の言葉として「我々にかたどり、我々に似せて、人を造ろう。そして海の魚、

図1-3　デューラーの銅版画「アダムとイブ」(1504年)
(写真提供 ユニフォトプレス)

空の鳥、家畜、地の獣、地を這うものすべてを支配させよう」と書かれている。これは、人間（男・アダムと女・イブ）の姿そのものが、神に匹敵する素晴らしい姿形をしていることを示唆している。ドイツの有名なルネサンス期の版画家であるアルブレヒト・デューラが、一五〇四年に作製した銅版画「アダムとイブ」は有名である。**図１－３**に示すこれら男女の直立した姿に、西洋の人々も究極の理想像を見出しているようである。

◆「細くて長い形」は人類のアイデンティティー

最近の遺伝子研究によって、私たちの直接の祖先と言われる現生人類（ホモ・サピエンス）は、約二〇万年前の東アフリカで誕生したことが分かってきた。私たちの共通の祖先の女性を、敬愛を込めて「アフリカのイブ」と呼んでいる。ここで、現生人類の特徴を端的に表現できるラテン語の「知恵のある・人」を意味するホモ・サピエンスが名称に選ばれた。ホモ・サピエンスは東アフリカのエチオピア付近で草原生活を送っていた。地球が氷河期に入り、草原は乾燥化が進み砂漠化していくと、食糧が入手しにくく、ホモ・サピエンスは生き延びることが困難になり、人口が一万人以下にまで激減していたといわれている。これは、人類の遺伝子の多様性が少ないことから、この氷河期が人口のボトルネック現象の隘路に相当する時期であったと考えられている。そこで、ホモ・サピエンスは生き延びるために新天地を目指して移動を開始した。アフリカのイブを祖先とする現生人類は、効率のよい直立二足歩行システムを駆使して、アフリカにニグロイド（黒人）を残して世界に広がり、コーカソイド（白人）とモンゴロイド（黄色人）に別れていった。現在では、多くの民族が地球上に共存しているが、多くの民族の根本の遺伝子は同じであり、人類に共通した心の働きをする要素が根底に存在するものと考えられる。

人間は、例えば花を見て美しいとつぶやいたり、何かをしようとする時、自由な意思で振る舞っているように思えるが、脳はこの意識の決定の前に無意識の状態で準備を始めている。無意識に働く脳は生命維持・生理作用に関わるものが多いが、さらに広い範囲で無意識が脳に関わっていることが明らかになってきた。有名な心理学者のユングは、心の奥深くにある民族や国家、人種を超えた全人類に共通して存在する「集合的無意識」というものがあると唱えている。集合的無意識は先祖から受け継いで現在の私たちの中にも存在するものである。

人類が生き延びるために選択した一直線の姿勢は、人類の脳裡に深く刻み込まれていたであろう。洋の東西を問わず、私たちは、細くて長い自立した形をした人間の立ち姿を、美しさや逞しさを秘めた素晴らしいものと認識している。人間の外部から得る情報のうち、大半は形や色や動きなどの視覚からの情報である。これらは潜在意識として脳に集積される。類似した情報が入ってくると連想によって潜在化した意識が蘇る。「細くて長い形」もその範疇にあり、直立二足歩行を選択した人類は、「細くて長い形」をしたものを違和感なく受け入れる集合的無意識を持ったのではないだろうかと私は結論づけている。まさに、「細くて長い形」は人類のアイデンティティーそのものといえるようだ。

III 「細くて長い形」の程度を測る尺度——アスペクト比（縦横比）

私たちの周りには、いろいろな「細くて長い形」をしたものがある。細くて長い形の程度もいろいろである。細くて長い形の程度を測る尺度として「アスペクト比（縦横比）」がある。アスペクトは外観という意味の英語であるが、比という単語と結びついて縦横比という意味で用いられる。縦の値は細くて長い形の軸線の長さであり、横の値は細くて長い形の断面が矩形ならば長い方の一辺であり、断面が円ならば直径である。アスペクト比で最初に思い浮かぶのは黄金比である。古くから人間が美しいと感じる比率で、その縦と横の比率は一・六一である。この縦と横の絶妙のバランスが、人間に心地よさを提供するようである。

それでは、人々が物の形を「細くて長い形」として認識するアスペクト比はいくら位だろうか。ここに興味深い実験がある。香川大学の松島学氏は、自立した長方形が人間に与える心理を調べる実験を行った。自立した長方形が「押し付けられている」ように感じるか、「引っ張られている」ように感じるかの境界は、アスペクト比が二・七であることを見出している。長方形の高さが横の長さの二・七倍以上になると、人々は長方形の建物が「引っ張られてい

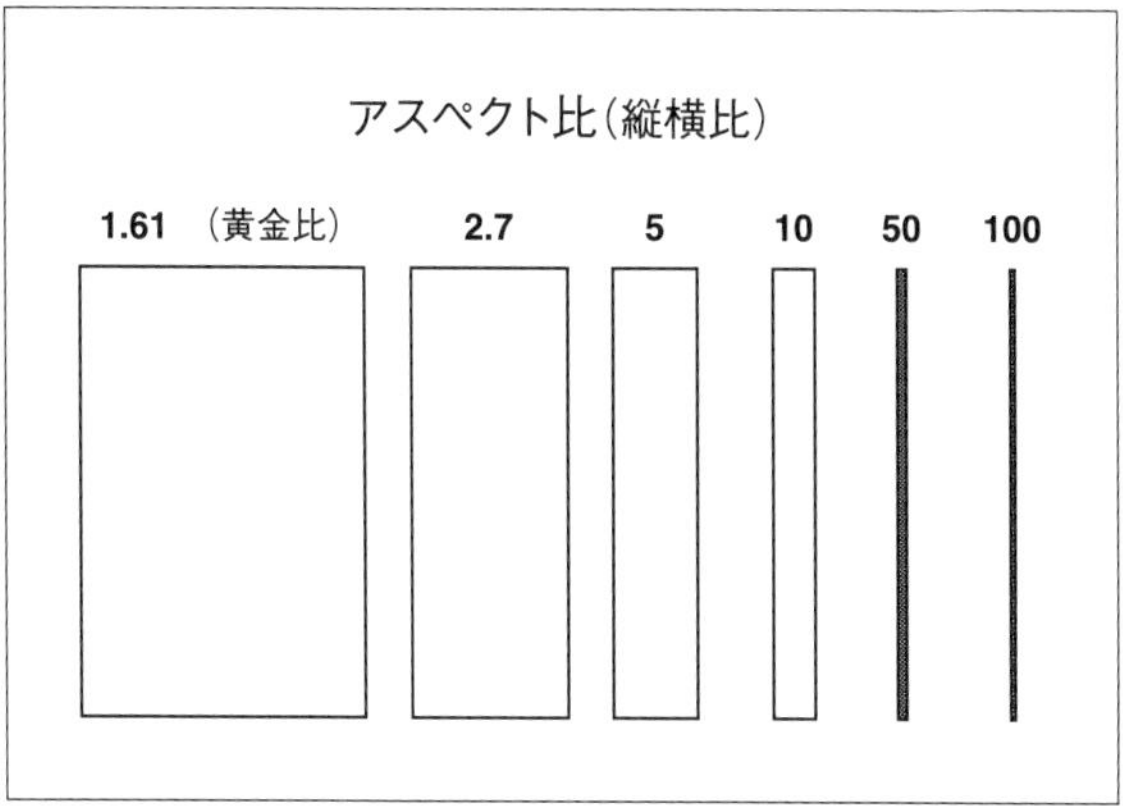

図1-4　6つのアスペクト比（縦横比）を持つ長方形

る」と感じるようになるのだ。これは、この自立した建物をどっしりとした安定なものでなく、高さ方向に意識の向く「細くて長い形」として捉える境界点として考えることができる。しかし、アスペクト比が二・七の建物は、私たちが描いている細長いイメージには少し程遠い気がする。ここで、**図１－４**にアスペクト比が一・六一、二・七、五、一〇、五〇、一〇〇の六つの比率を持つ長方形を一列に並べる。あなたが「細くて長い形」と感じるアスペクト比の値はいくらだろうか。

◆アスペクト比が一〇〇以内の世界

凛と自立して建っている**図１－５**に示すような三つの建物を比較しよう。ニューヨークのマ

A　　B　　C

図1-5　アスペクト比の異なる世界的に有名な3つの建物
A：ニューヨークの国際連合本部ビル
B：ピサの斜塔　C：ヴェネツィアの大鐘楼
（写真提供 ユニフォトプレス）

ンハッタンにある国際連合本部ビルがハドソン川を見下ろしている（A図）。高さ一五四ｍの長方形のシンプルな建物はよく知られているが、アスペクト比は二・〇程度で境界の二・七以下であり、どっしりとした安定感を与えてくれる。

ヨーロッパの町や村の中心には教会の尖塔がしばしば見られる。イタリアの二つの塔を紹介しよう。ピサ大聖堂の鐘楼であるピサの斜塔は有名である（B図）。地盤の土質の不均一が原因で約四度近く傾斜している。高さ五六ｍの斜塔のアスペクト比は約三・五で境界の二・七を超えており、安定感の中にも「細くて長い形」を少し意識するようだ。ヴェネツィアのサンマルコ広場にある大鐘楼も有名である（C図）。高さ九九ｍのレンガ造りの尖塔は美しい。この塔のアスペクト比は約六・六であり、「細くて長い形」を意識する。

　世界遺産であるギリシャのパルテノン神殿は多くの柱によって支えられている。この柱は安定感を与えるために、柱の下部から上部にかけて徐々に細くした、いわゆるエンタシスを施した柱として有名であるが、この柱のアスペクト比は五〜六の間の数値である。日本の寺院の門の柱のアスペクト比も五〜六であるものが多く、「細くて長い形」と感じる。

　私たち人間のアスペクト比はいかほどであろうか。人間の体形もいろいろある。太って背の低い人から、やせて背の高い人まで千差万別であるが、大人の体形のアスペクト比はおおよそ三〜五の範囲にはいり、「細くて長い形」をしたものと感じるか、感じないかの入口に近い位置にいるようである。ちなみに、先ほど洋の西側の理想像として登場した、アルブレヒト・デューラが作製した銅版画「アダムとイブ」に見られるアダムとイブの縦横比はおよそ四・五であり、東洋代表の百済観音のアスペクト比はおよそ六・〇である。そこで、アスペクト比が四ぐらいの値が「細くて長い形」と感じる入口であるように考えられる。私たちは、アスペクト比が四〜一〇の対象物は、安定感のある「細くて長い形」をしたものと感じているようだ。

　私たちが、日頃使っている用具の中で「細くて長い形」をしたものは多い。例えば、鉛筆・

箸・爪楊枝などがある。これらのアスペクト比は二〇〜三〇の間の数値である。中空管のフルートや尺八もこの範疇である。街頭で見られる電柱のアスペクト比は三〇〜四〇の間の数値である。さらに、お馴染みのミミズやヘビなどの動物の「細くて長い形」の代表選手もこの範疇に入る。これら一〇〜五〇の間のアスペクト比の「細くて長い形」からは、安定感の中に機能性を感じるようになる。

歩行やスポーツの分野でお目にかかる「細くて長い形」としては、杖・ゴルフシャフト・釣り竿などがあるが、これらのアスペクト比は五〇〜一〇〇の間の数値である。運動性能を高めるために、より細くして作られているのであるが、私たちは、機能性のある形状として感じるようだ。これまでのことをまとめると、次のようになる。

アスペクト比が四〜一〇の形、安定感を感じる「細くて長い形」
アスペクト比が一〇〜五〇の形、機能性と安定感を感じる「細くて長い形」
アスペクト比が五〇〜一〇〇の形、機能性を感じる「細くて長い形」

アスペクト比が一〇〇以上の世界　アスペクト比が一〇〇を超えると、様相が異なってくる。対象物を、縦と横を同時に認識する「細くて長い形」として捉えるよりも、むしろ、ばらけて、対象物を「細い」とか「長い」とか一方のみを強調して認識する傾向にあるようである。この範囲の対象物は自然界に多く見られる。最初に思い浮かぶのは、樹木などを除いては、川や道などであろう。例えば、信濃川は新潟県および長野県にわたって流れる総延長三六七㎞の日本一長い川である。川幅は最も広いところで九〇〇ｍであるので、三六七㎞を縦の長さ、九〇〇ｍを横の長さとすると、アスペクト比は四〇七となる。自然には、いろいろな長さの川があり一概には言えないが、一般に川のアスペクト比は数百の数値の範囲に入ってくる。

人類が自然の中に作り出した「細くて長い形」をしたものとして道がある。人類が生活するところに必ず道が作られるため、道の長さは無限になる。そこで、道の代表選手として、日本人になじみの東海道五十三次を取り上げよう。東海道五十三次は、江戸時代、江戸日本橋から京都三条大橋に至る東海道に置かれた五十三の宿場をつなぐ全長四八七・八㎞の街道である。街道の道の幅は約一一ｍであるので、アスペクト比は四万四〇〇〇程度と、数万の大きな数値となる。さらに、自然にはアスペクト比が数億になる「細くて長い形」をしたものが身近にある。絹糸は衣料を作る大切な素材の一つである。絹糸は、蚕がさなぎを作るために、蚕の口から吐き出す糸であり、その長さは一〇〇〇ｍを超え、糸の直径は一〇マイクロメートル程度である。ここで、一マイクロメートルは千分の一㎜の小さい単位である。その結果、絹糸のアスペクト比は一億位の非常に大きい値になる。

調べる対象物はまだまだいくらでもあるが、ここまでの調査だけでも「細くて長い形」の世界が奥深いことがわかっていただけたと思う。以下の章では、アスペクト比がおよそ四以上の「細くて長い形」をしたものに焦点を当てて、①「細くて長い形」をしたものを「使う」視点から（2章）、②「細くて長い形」で「伝える」視点から（3章）、③「細くて長い形」をしたものを「歩く」視点から（4章）、この三つの視点から「細くて長い形の文化」を順番にたどっていこう。

第2章 「細くて長い形」を使う文化

人類は一直線の姿勢で直立二足歩行をすることにより、脳と手足と声帯の進化が起こり、今日の人類の繁栄につながってきたことはよく知られている。人類は、脳が発達する過程で、考える人になり、さらに、脳と手を使って、ものを作る人になった。「細くて長い形」は一次元の単純な形であるため、人間は知恵をめぐらし、最初に一次元の形のままで利用できる物を作りだした。さらに、一次元の単純な形を組み合わせ、二次元の形をしたものや三次元の形をしたものを作り出してきた。冒頭に紹介したエッツィの衣服や所持品の中に、一次元の形状の繊維材料を組み合わせて作ったものが沢山見られた。

人類の長い歴史の中で、人類は先祖の人々が作り出した知恵を受け継ぎ、それに自分たちの世代で培った知恵を付け加え、子孫に伝承していく過程を繰り返してきた。一次元の単純な形に対しても、人類は先人の技術をベースにして、自分たちの知恵を働かせ工夫を加えることにより、数えきれない多くのものを創造してきた。人類は、衣・食・住すべての分野で、「細くて長い形」をした材料を使って、多様な文化を発展させた。衣の分野では、約一万年前に天然の植物から「細くて長い形」をした繊維材料を取り出し、衣服や身にまとう物を作りあげた。食の分野では、「細くて長い形」をした麺類が多くの民族に受け入れられ、食卓にのぼった。住の分野では、樹木から「細くて長い形」をした材木を取りだし、いろいろな構造物を作りだしてきた。さらに、「細くて長い形」をした中空管に息を吹き込み音楽が奏でられると、瞬時にして人々を別世界に導き、高揚感や癒しのような感情が醸し出される。今までに示したこれらの事例は、ほんの一端を示したにすぎない。私たちのまわりには「細くて長い形」の代表選手が一杯である。

I 「細くて長い形」を使う文化に貢献した二つの贈り物

エッツィの時代から約五三〇〇年経った現在、地球上には多くの民族が生存しているが、それぞれの民族が、それぞれの土地で、「細くて長い形」をしたものを使う技術を発展させ、各民族の特色ある「細くて長い形の文化」を育んでいった。何故、人類は自然にある「細くて長い形」をしたものを使って、数多くの人類に役立つものを生み出すことができたのだろうか。その答えは、次に示す二つの贈り物が人類に与えられたためである。

①人間の手と脳──直立二足歩行からの贈り物

人類が直立二足歩行の道を選んだことにより、歩く時に手を補助的に使う必要がなくなり、両手が解放された。身体が一直線の姿勢をとることにより、重い大きな脳を首の上に乗せても、軽快に歩行できるようになった。人類のアイデンティティーと言ってもよい一直線の「細くて長い形」の姿勢が、人類に大きい脳と自由に動く両手をプレゼントしたのである。

②「細くて長い形」をした素材を生み出す自然からの贈り物

エッツィの最後に着ていた衣装からもわかるように、自然界には「細くて長い形」をしたものが多く存在する。それらを詳細に調べると「細くて長い形」をした素材を生み出す自然からの素晴らしい贈り物が存在することが判明する。自然界の巧妙なカラクリに驚くばかりである。この自然からの贈り物を感謝をこめて順番に学んでいこう。

1　直立二足歩行からの贈り物――人間の手と脳

人間の手の不思議　地球の長い歴史の中で、約六五〇〇万年前に恐竜時代が突然に終焉を告げて哺乳類の時代に入ったが、人間が属する霊長類の祖先である原猿類は、四〇〇〇万年前に早くも地球上に現れている。そして現在に至る長い歴史の中で多種類の霊長類が現れた。霊長類は主として樹上生活を送ったため、樹木を握るいろいろな手が出現した。しかし、霊長類の最後に現れた人類は、大地を歩く生活を送るのに相応しい手の形に進化をとげ、霊長類の手と明らかに異なる人間の手が二〇〇万年前頃に出現した。

日頃、何気なく使っている手であるが、手に注目して、手をいろいろ動かしてみると実に複雑な動きをすることがわかる。手を前に曲げた後に反らせて、一八〇度近く裏返したりできる。手は、五本の指と、一四個の関節と、二七個の骨がつながっている。手首にはサイコロのような骨が八個あり、靭帯によってつながっているので、手をひねると裏返すことができる。手にとって重要な動きに対立運動がある。親指の腹と他の四指の腹を合わせる運動のことで、四本全部でも、一本ずつでもできる。口の広いビンのふたを開ける時には指を総動員して掴み、ペットボトルのふたでは人指し指と親指で掴む。さらに、手のひらが力を抜い

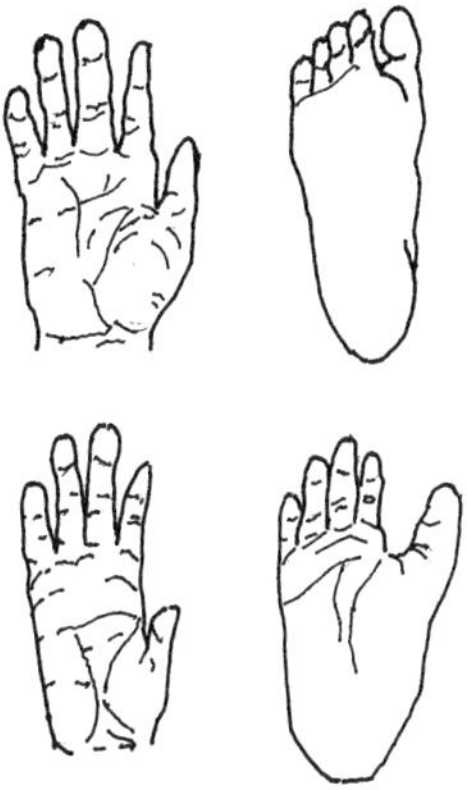

図2-1　人間とチンパンジーの手と足の比較

た状態で窪んだアーチ形をしている。手のアーチと対立運動によって、掴む、包み込む、握るなどの運動を効率よく行うことが可能となる。

人間とチンパンジーの手に大きな違いがある

人間とチンパンジーの手を比較すると、**図2-1**に示すように親指の違いが目立つ。人類の手の親指は立派で太いが、チンパンジーの親指は小さくて細いのが特徴である。同図には、併せてチンパンジーと人間の足を示す。手とは逆に、人間の足と比べて、チンパンジーの足の親指が太くて立派である。チンパンジーは樹上生活を送る上で、手はもちろん、足を使って樹木を掴むように足の進化が進んだが、人間の足は安定した歩行ができるように進化を遂げたのである。

人類は脳と手の進化により「ホモ・ファーベル」へと進んだ

樹上生活を送っていた霊長類は、樹木の複雑な枝の位置を正確に把握する優れた三次元空間認識能力を持っていた。この能力は、最後の霊長類である人類にも引き継がれた。さらに、人類は直立二足歩行することにより素晴らしい贈り物をもらった。それは大きな脳である。脳の容積が大きくなり重くなっても、「細くて長い形」をした人間の姿勢が、重い脳を支えることができることになったのである。

脳の可塑性

しかしながら、産まれた時にすべての臓器が完全な形で備わっているわけではない。人間は成長するにつれて人間を構成する部位が徐々に完成していく。人類の脳もまた産まれてからも発達して大きくなる。人間の脳は学習することによって発達し、新しい知見を習得することができるようになった。この素晴らしい脳の能力を、脳の可塑性と呼んでいる。先人たちが開発した大切な技術を、人類は学習することで受け継いでいくことが可能になった。さらに、受け継いだ技術の上に、自分たちの世代が工夫を加えて、それらの技術をさらに進化させ、次世代の人類にバトンタッチして繋いでいった。

三爪チャックで石器を掴む

先史時代の人類の進化を測る尺度として取りあげられているのが石器である。石は人類の進化になくてはならない材料である。人間の親指が太く長く、他の四本の指と向かい合う対立運動ができたため、石をしっかり握ることができた。**図2-2**

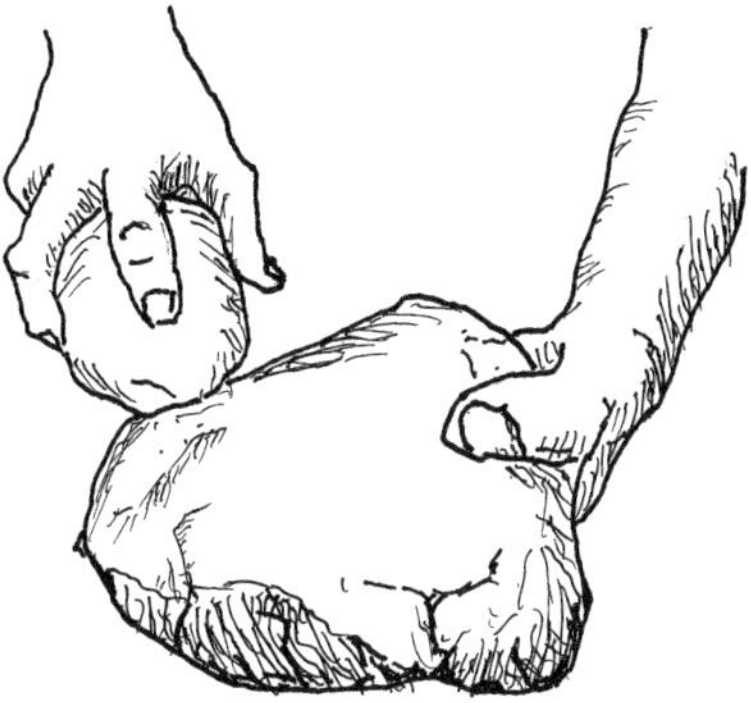

図2-2 三爪チャックと呼ばれる握り方

に示すような三爪チャックと呼ばれる親指・人差し指・中指を使った握り方で不規則な形をした石を確実に握ることができた。しっかり握った石を力強く振り下ろして、骨を砕き、食料を手に入れることができた。また、しっかり握った石を正確に振り下ろして、道具にしたい石を砕き、望みの形の石器を製作することができた。

「ホモ・ファーベル」が文化を作り出した　脳の中で、思考を担当する前頭葉の部分が発達することで、三次元空間認識能力と順序だてて行動する能力、加えて、手の三次元の動きが結び付き、道具を使うことはもちろん、道具を作ることができるようになった。最初は、原石の片面を砕いて鋭い破面を持った片面加工石器から始まり、両面を砕いた両面加工石器も製作できるようになった。

人間は脳と手の進化により、ラテン語の「ホモ・サピエンス」すなわち「知恵のある・人」に加えて、ラテン語の「ホモ・ファーベル」すなわち「作る・人」へと進化していったのである。「ホモ・ファーベル」となった人類は、いろいろな土地で世代を重ねて行く中で、その土地に芽生えた独自の物作り技術を伝承し発展させていき、それぞれの地域に独自の文化が芽生えていった。その中で、人類が「細くて長い形」をしたものを使う文化も生まれていったのである。さらに人類は、具象的な技術から飛躍させて、抽象化した事象に対しても、系統立てて考え組み立てる手法を適用し、言語や文字などを生み出していったのである。

2 「細くて長い形」をした素材を生み出す自然からの贈り物――ブドウ糖・アミノ酸

地球上には、姿・形が異なる多種多様な動物や植物が存在している。しかし、それらの生物を作っている元素の大部分は、たった四つの元素、水素（H）、酸素（O）、炭素（C）、窒素（N）だけである。例えば人間の場合、水素六〇・三％、酸素二五・五％、炭素一〇・五％、窒素二・四％で合計九八・七％を占める。この四つの元素を組み合わせて、基本となる分子（モノマーとい

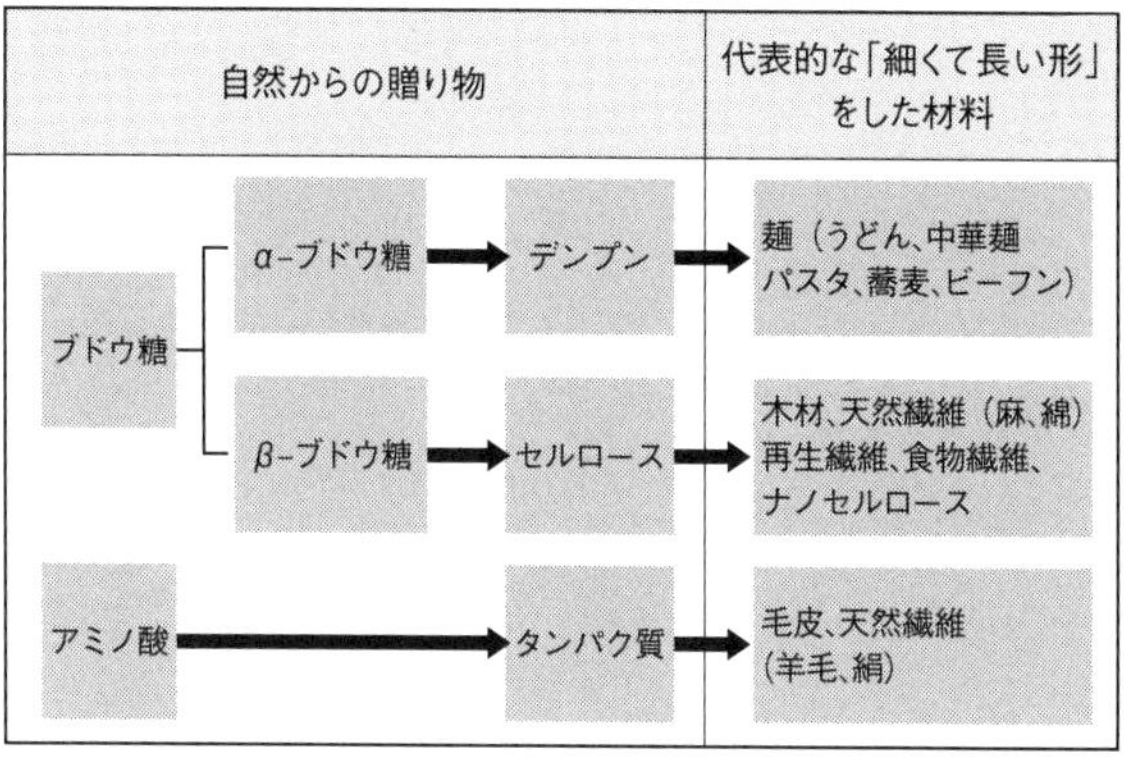

図2-3　「細くて長い形」をした材料を作る自然からの贈り物：
ブドウ糖とアミノ酸

う）が作られる。基本のモノマーを数多く繰り返し連結して、いろいろな高分子化合物（ポリマーという）が作られている。連結しているモノマーの数は数万から数百万に及び、鎖状をした物質の誕生である。このような生物の体内で作り出される物質は有機物と呼ばれている。「細くて長い形」をした素材を生み出す自然からの贈り物として二つのモノマー・ブドウ糖とアミノ酸がある。このブドウ糖とアミノ酸から人類に貢献する多くの「細くて長い形」をした素材が作られた。自然からの贈り物と、贈り物から作られる「細くて長い形」をした素材を**図2-3**にまとめて示す。

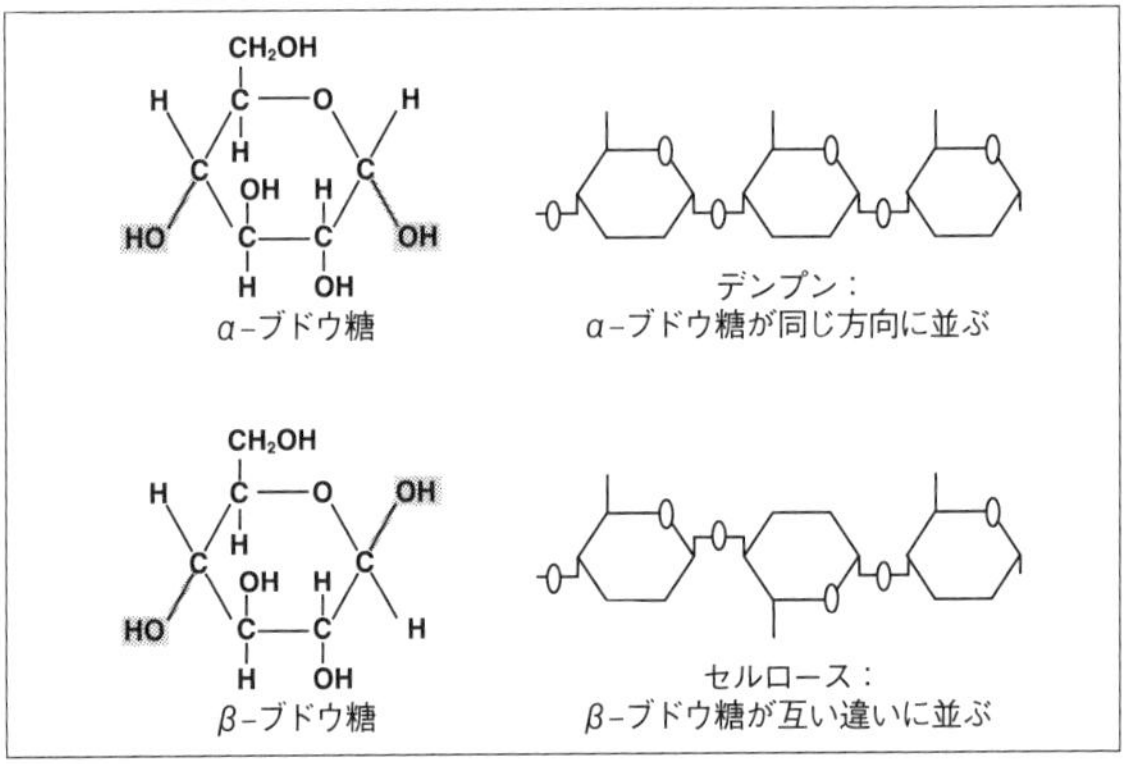

図2-4　α-ブドウ糖が連なりデンプンが生まれ、β-ブドウ糖が連なりセルロースが生まれる

ブドウ糖からセルロースとデンプンが作られる

ブドウ糖は、炭素原子六個・水素原子一二個・酸素原子六個によって構成される分子である。n個のブドウ糖($C_6H_{12}O_6$)が集まり、水分子(H_2O)を放出して、お互いに手を結び（縮重合という）、一個の大切な高分子化合物（$(C_6H_{10}O_5)n$）が生まれる。まとめると次式で表される。

$$nC_6H_{12}O_6 \rightarrow (C_6H_{10}O_5)n + nH_2O$$

ブドウ糖の分子構造は、**図2-4**に示すように二種類に分かれる。α-ブドウ糖とβ-ブドウ糖である。二種類のブドウ糖の違いは、端部のHとOHの位置の違いだけである。このような兄弟物質を異性体と呼ぶ。六個の原子が手を

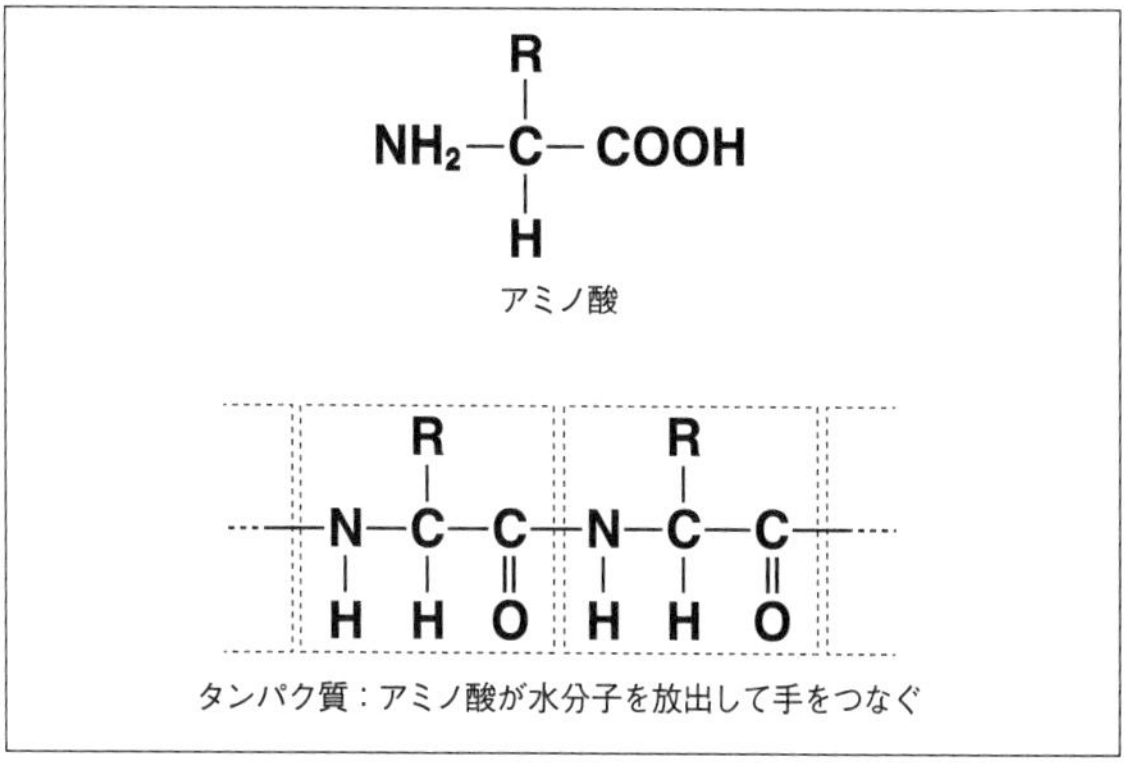

図2-5　アミノ酸が水分子を放出して、
アミノ酸が連なりタンパク質が生まれる

結んだ六角形の構造を六員環構造と呼び、自然の中で最も安定した構造の一つである。二種類のブドウ糖が、水分子を放出して、一直線に数百から数万個つながっていき、私たちにとって大切な高分子物質であるセルロースとデンプンが作られる。（**図2－4**）α－ブドウ糖からは、らせん状構造のデンプンが生まれ、β－ブドウ糖からは、直線構造のセルロースが生まれる。

セルロースは植物の茎や幹などを作る物質であり、見上げるような大木もセルロースが整然と並んで作られている。茎から繊維を取り出し衣材料が作られるし、樹木から取り出す材木は大切な住材料である。このように、セルロースは人類が生活する上で大切な材料であることがよくわかる。一方、デンプンは食物の主要な成分として人類に計り知れない貢献をしている。例えば、「細くて長い形」をしている麺は、主としてデンプンからできている。

人類の衣食住すべての分野で役立っているセルロースとデンプンが、異性体のブドウ糖が数多くつながって作られる兄弟物質のような関係にあることは驚きである。自然の巧妙な仕組みに脱帽するばかりである。

アミノ酸からタンパク質が作られる　アミノ酸には多くの兄弟が存在する。**図2-5**に示す構造式の中のRは元素ではなくて、アミノ酸の兄弟によってそれらの構造式が異なる。例えば、RがC（炭素）の場合はグリシンというアミノ酸である。ブドウ糖の場合と同じく、これらのアミノ酸同士が水分子（H_2O）を放出することで縮重合して数万個つながっていき、らせん状構造や波形構造のタンパク質が生まれる。多様なアミノ酸がつながって作られるタンパク質は、水素（H）、酸素（O）、炭素（C）、窒素（N）で構成されている。ブドウ糖と違って窒素（N）が重要な役目をはたしている。このタンパク質が動物の体を作る大切な物質である。

ブドウ糖のモノマーが数多くつながってセルロースやデンプン、アミノ酸のモノマーが数多くつながってタンパク質がそれぞれ作られる。それらが素材となって、多彩な「細くて長い形」をした材料が生まれる。その奥深い事例を順番に学んでいこう。

◆β-ブドウ糖から作られる素材——植物の骨格を作るセルロース

セルロースは、私たちの衣食住の分野を支えるのに欠かせない素材である。私たちの周りには、多くの種類の植物が存在する。太古の昔から、身近に存在する植物から衣食住を支えている大切な材料を取りだす技術が蓄積されてきた。樹木や草花などの幹や茎は、一般に「細くて長い形」をしているが、幹や茎の骨格を作っているのは、セルロースである。

材木を生み出す樹木のセルロース

樹木はずんぐりとした幹を中心として、細い枝がいろいろな方向に伸びている。樹木は「細くて長い形」の集合体である。人間の寿命は長くて百年そこそこだが、樹木の樹齢ははるかに長い。樹齢一〇〇〇～二〇〇〇年を超えるスギ・クスノキ・イチョウなどが、天然記念物あるいはご神体として各地で大切に守られている。樹木が生きる長い時間は、樹木を上へ上へと成長させて、見上げるような大樹を作りあげていく。日本を代表する樹木に、屋久島に自生する屋久杉がある。屋久杉の樹高はおよそ三〇m、幹周は一六・一mの大木であり、樹齢が三〇〇〇年以上と推定されている。

樹木の細胞壁の成分はセルロース

樹木の主成分は樹木の細胞壁成分であり、樹木全体の九〇数%を占めている。樹木の細胞壁は、約五〇%のセルロース、約二〇~三〇%のヘミセルロース、それに約二〇~三〇%のリグニンより構成されている。セルロースはβ-ブドウ糖が数万個つながっているのに対し、ヘミセルロースは数百個と少ない。細胞壁はセルロースが繊維状に縦横に走り、その間隙に、ヘミセルロースとリグニンがセルロースを束ねるように埋め込まれ、ほんの少しのペクチンが細胞間の糊の役目をはたし、全体できわめて巧妙な壁層構造を作っている。その他に全体のわずか数%の副成分があるが、色・においなど、樹種特有の顔を作り出す大切な役割を果たしている。

何故、樹木の寿命がこれほど長いのだろうか

樹木の中で生きている細胞は、表面の樹皮に近い形成層の付近と、樹幹中のわずかの柔細胞だけであり、樹木の八〇%の細胞が死んだ細胞である。初夏の頃、青々とした若葉を茂らせている樹木から、私たちは生きる力や活力を貰うことがしばしばあるのだが、樹木の生きた細胞は、膨大な数の細胞の死骸の上に乗って生きているのである。樹木の外側から内側に向かって、細胞分裂→肥厚→死→蓄積の循環が何千年も繰り返されて続き、長寿命の樹木が作られていった。樹木の主成分で死細胞になったものは、死んでからも樹木の中で重要な役目を果たしている。セルロースは樹木を支える

強度を担当する。リグニンや副成分はそれらの死細胞中に、天然の防腐・防虫剤として蓄積され、樹体を外敵から守る役目を担っている。この両者の共存により、樹木が長寿命を保つことができる。

衣材料を生み出す茎のセルロース　人類が現在の私たちが着ているような衣材料を手に入れたのは、数千年前に遡ることができる。行動範囲の狭い当時の先人たちは生活圏の身近にある植物から、衣材料となる素材を探す努力をしたであろうと想像できる。森林にある多くの木々の中で、幹や茎の皮が剝がれやすい木を探し、衣服材料の素材を取りだす工夫を活発に行ったであろう。日本では、近くの森に自生している藤《ふじ》・葛《くず》・楮《こうぞ》などの幹から、「細くて長い形」をした素材を取りだし、衣服や籠などの日常品を作る地域があちこちに点在していた。

麻が世界の多くの地域で衣材料として利用された　世界の多くの地域で麻の茎のセルロースが衣材料として利用された。麻は一mから二m程度の高さになる草木であり、茎の皮の部分である靭皮部から「細くて長い形」をした衣服材料の繊維素材が取りだされた。茎は、中空のパイプの形状をしており、茎の内部は、根から吸収した水分や栄養素を、葉や花などに運ぶ動脈の役目を果たす。パイプの壁は外側の靭皮部と内側の木地部からなる。茎の靭皮部は、樹木と同じく、セルロースが主成分で、ヘミセルロースやリグニンがセルロース細胞間に埋め込まれ、ほんの少量のペクチンが糊の役目を果たしている。麻の繊維は、靭皮部に内蔵されており、繊維だけを取りだすには組織を壊す必要がある。すなわち、糊の役目をするペクチンや、不要なリグニンを取り除く必要がある。最初に、茎壁の木質部から靭皮部をはがし、次に、靭皮部から繊維を取りだす作業を行う。この作業は地域によっていろいろな方法で行われるが、どの方法も一〇工程ほどの大変な労力を必要とする作業である。自然発酵や微生物の力を借りて、繊維を取りだす作業が行われている。得られた靭皮繊維は丈夫で、太さは数十マイクロメートルで、形状は中空であり、中に空気が入ることで、保温性に優れた衣材料となる。ここで、一マイクロメートルは千分の一㎜の単位である。

衣材料を生み出す綿毛のセルロース

セルロースは、植物のいろいろな部分の骨格を作りだしている。幹や茎のような植物を支える頑丈な骨格を作るものから、種子を保護する柔らかい毛のような骨格を作るものもある。綿はアオイ科の一mほどの高さの草木で、ハイビスカスに似た黄色い花がしぼんでから、果実が成長し、二ヶ月ほどで果実が割れ、中から種子が現れる。種子を保護するために、種子の表面に約一万本の綿毛が付いている。白く柔らかな綿毛が盛り上がって、一見、花が咲いたようになる。これをコットンボールという。綿毛は九〇%以上のセルロースと少量のペクチンなどでできている。綿毛を種子から刈り取り、衣材料の素材となる綿繊維（リントという）が作られる。先ほどの麻の茎から衣材料の繊維を取りだす場合、ペクチンなどを取り除くのに多くの労力を要するが、綿の場合は、綿毛そのものが衣材料の繊維となるため、麻のような労力は必要でない。綿繊維は、太さ数十マイクロメートルで、中空でよじれた形状（捲縮《けんしゅく》という）をしており、保温性が良く、さらに、繊維をまとめて糸にしやすい利点もある。自然から人類への素晴らしい贈り物である。

衣材料を生み出す裸のセルロース

人類は、麻の茎や綿毛から衣材料の繊維を取りだしてきた。衣材料となるセルロースを含む材料は自然からの特別の贈り物である。しかし、麻から繊維を取りだすには大変な労力を必要としたし、綿は自然の産物のため、綿花の作られる状況が気候によって左右される問題点が存在した。

セルロースはすべての植物に含まれているため、もっと身近にある材料からセルロースだけを取りだせないだろうか。人類の挑戦は幾世紀も続いたが、一九世紀の終盤に入って、その夢が叶えられることになった。一八九二年に英国のC・クロスとE・ベバンとC・ビードルの三人が、木材を細かく砕いて、チップ状にした木片に、カセイソーダと二硫化炭素を作用させると、木材からリグニンやペクチンが分離され、セルロースが溶け出し、水飴状のねばねばした水溶液を作り出した。この水溶液をビスコースと呼ぶ。このビスコースを、細い孔を多数あけた「口金」から酸性の浴槽の中に押しだすと、セルロースが一列に並んだ状態で固まり、細くて長い形の繊維が生まれた。木材からセルロースを取りだし、裸にしたセルロースを一列に並べて繊維状に再生させたものであるので再生繊維といわれる。製造されたばかりの繊維は光沢があることから、光の単語の入ったレーヨンと名付けられた。

食物繊維を生み出すセルロース

私たちは食物として、肉や魚などの動物の他に、植物からも多く摂取している。小麦、米、トウモロコシなどの穀物、大豆、野菜、果物などからである。セルロースは植物の細胞壁を作る主要な成分であるが、植物由来の食物にもセルロースが多く含まれている。

セルロースとデンプンは、ブドウ糖からできている兄弟物質である。セルロースとデンプンが体内に取り込まれると、どのように振る舞うのであろうか。食物中のデンプンは人の体内の消化酵素によって分解され、栄養として身体に取り込まれる。一方、食物中のセルロースは、水に溶けず、体内にある消化酵素でも消化されない。食物中のセルロースは不溶性食物繊維と呼ばれている。この食物繊維は消化されないため、以前は食べ物のカスとして、あまり重要視されていなかった。しかし、現在では評価が変わってきている。水に溶けずに水分を吸収してふくらむ不溶性食物繊維は、消化酵素によって分解されることなく小腸を経て大腸まで届けられ、便のカサを増やして腸の働きを刺激する。さらに、乳酸菌やビフィズス菌といった身体に役立つ作用をもたらす善玉菌のエサとなって、これらの菌を増やして、おなかの調子を整える優れものであることが分かってきたのである。私たちの身体の中でも、セルロースは大切な働きをする素材なのである。

先端材料を生み出すセルロースナノファイバー

衣材料の再生繊維を作りだす裸のセルロースを顕微鏡で見ると、その直径が約一〇～四〇マイクロメートルである。再生繊維を作りだすセルロースは非常に細いものなのである。さらに詳細にみると、この細いセルロースは数多くのセルロースのポリマーが束になって構成されていることが分かる。二一世紀になって、このセルロース束をさらに細かく分解できる技術が開発され、セルロースミクロフィブリルにまで、ほぐされるようになったのである。その大きさは直径が数ナノメートル、長さは一〇〇マイクロメートル未満である。ナノメートルはマイクロメートルのさらに千分の一の大変小さい単位である。セルロースを分子レベルに近い状態で取りだすことで、セルロースナノファイバーが誕生したのである。再生繊維で使われるセルロースの約千分の一の太さである。太さが細くなることでセルロースに新たな付加価値が加わり先端材料が生まれたのである。

透明紙の誕生　セルロースナノファイバーを水に溶かし梳くと、ナノペーパーと呼ばれる紙が生まれた。一般の紙は白色であるが、ナノペーパーは透明紙である。可視光の波長は数百ナノメートルのため、セルロースナノファイバーの径の方が短くなり、光がナノペーパーを透過する際に乱反射しにくくなり、透明に見えるのである。さらにナノペーパーでは、ナノファイバーが交差する箇所が増え、絡み度合が飛躍的に増す。その結果、人が引っ張っても簡単に破れない強い透明紙が作られた。今までの常識では考えられない先端材料の誕生である。

木の酒誕生　一万三〇〇〇年の酒造の歴史に新たなページが書き加えられる画期的な技術が日本で生まれた。ワインのような果実酒でもなく、日本酒やビールといった穀物酒でもない、身近な樹木から酒を造る技術が国立森林総合研究所から生まれ、スギ・シラカバ・ミズナラ・

クロモジの材木から四銘柄の木の酒が造られたのである。樹種ごとに特徴ある香りと味を持つ木の酒を造るために、熱処理や薬剤処理を用いない湿式ミリング処理法が開発された。木くずをビーズと共に水中で回転させ、微粉砕されてナノセルロース単体がばらばらになった粘性液を作る。それに分解酵素を加えるとセルロースがβ-ブドウ糖に分解される。それに酵母を作用させるとアルコール発酵が起こり、「木の醸造酒」が誕生する。これをさらに減圧蒸留して仕上げたのが「木の蒸留酒」である。ワインなどでは醸造後の歳月の長さが価値を育むのに対し、「木の酒」では醸造のスタート時点で既に年輪分の歳月を積み重ねた深みのある酒が生まれるのである。

◆α-ブドウ糖から作られる素材——麺を生み出すデンプン

「細くて長い形」をしている食物として、真っ先に思い浮かべるのは、うどん・中華麺・パスタ・蕎麦・ビーフンなどの麺類であり、洋の東西を問わず多くの種類の麺が作られている。その麺の主成分がデンプンである。デンプンはセルロースと同じ分子式（$C_6H_{10}O_5$）nを持つ物質で、植物の葉の中の葉緑素が、太陽エネルギー、水、二酸化炭素を用いて光合成によって作り出し、植物の種子・根・地下茎などに貯蔵される。デンプン粒子は白色の粉末で、冷水に入れると沈殿する。水中で沈澱する粉粒体であることが〝澱粉《でんぷん》〟の語源といわれている。デンプンは体内に入ると分解され、消化・吸収されて、一gあたり四キロカロリーのエネルギーを人体に供給する。デンプンの出すエネルギーを使って、人間は身体を動かすことができる。

デンプンの糊化現象を利用して麺ができる

生の穀物のデンプンは、そのままでは消化しにくい。穀物のデンプンを作っているのは、α‐ブドウ糖が重合したアミロースと、少し異なる形で重合したアミノペクチンという二つの高分子である。生の状態では、アミロースとアミノペクチンは結晶構造を作って整然と並んでいる。このままでは、水に溶けにくく消化されにくい。しかし、生のデンプンを水に浸し、水と一緒に熱すると、およそ摂氏六〇度付近から整然と並んでいる結晶部分がばらばらになって、コロイド状の糊となり、デンプンは消化されやすくなる。このデンプンの糊化現象によりデンプンが柔らかく変形しやすくなり、細くて長い形をした麺を作ることができる。

◆アミノ酸から作られる素材—動物の体を作るタンパク質

タンパク質は動物の体を作っている大切な物質である。タンパク質は、動物の骨格・筋肉・内臓などを作っているだけでなく、全身を覆っている毛や皮膚なども作っている。そして、動物のタンパク質から人類の衣食住に役立つ多くの素材が作りだされている。さらに、タンパク質は植物の中にも多く存在する。タンパク質は、植物の種子や穀物の中にも見られ、「細くて長い形」をした素材作りに大いに貢献している。

衣材料を生み出すタンパク質

羊毛 人類は、数千年前から、羊の毛である羊毛を毛織物の材料として利用してきた。「細くて長い形」をしている羊毛は、ケラチンというタンパク質から主としてできている。羊毛は、うろこ状の表皮部分（スケール）と皮質部分（コルテックス）から構成され、表面のスケールは水をはじく性質があり、内部のコルテックスは吸湿性がある。コルテックスはくるくると縮れるクリンプ形状をしている。クリンプにより繊維同士が複雑に絡みあい、その中に沢山の空気を蓄えることができる。乾いた空気は、断熱性の最も優れた物質の一つなので、羊毛の衣服を身に着けると、冬は暖かく、夏は涼しく過ごすことができる。

絹 桑の葉をむしゃむしゃ食べて丸々太った緑色の蚕を見た人は多くいるだろう。蛾の幼虫である蚕が蛹になるために、蚕は、「細くて長い形」をした繭糸を口から吐き出して繭を作り、蚕は繭の中で蛹になる。繭をほぐし取り出した生糸は、一〇〇〇m以上の長さにもなる光沢のある糸で、数千年前から絹糸として人類の衣材料を支えてきた。絹糸はグリシン、セリシン、アラニンなどのタンパク質から主としてできている。生糸は、二本のフィブロインという繊維の周りを、セリシンで包んだ構造をしている。フィブロインは複数のタンパク質から成り、その断面は三角形であり、優雅な光沢はこの構造に依存している。口から吐き出された時は、硬い繊維であるが、アルカリ性の熱湯につけると、周りのセリシンが溶けて、おむすび形のフィブロインが現れ、絹特有の風合いと光沢の絹糸になる。

細くて長い麺の作製に貢献するタンパク質　デンプンが細くて長い麺を作る大切な物質であることはすでに述べてきたが、タンパク質もまた麺の作製に大いに貢献している。うどんやラーメンなどの麺は小麦から作られる。小麦には、例えば中力粉のタイプで約七五%のデンプンと約九%のタンパク質が含まれている。タンパク質は二種類からできていて、グリテニンとグリアジンという物質である。小麦粉に水を混ぜてよく練ると、この二つのタンパク質は水を吸収して網目状につながり、グルテンというたんぱく質になる。網目状のグルテンの

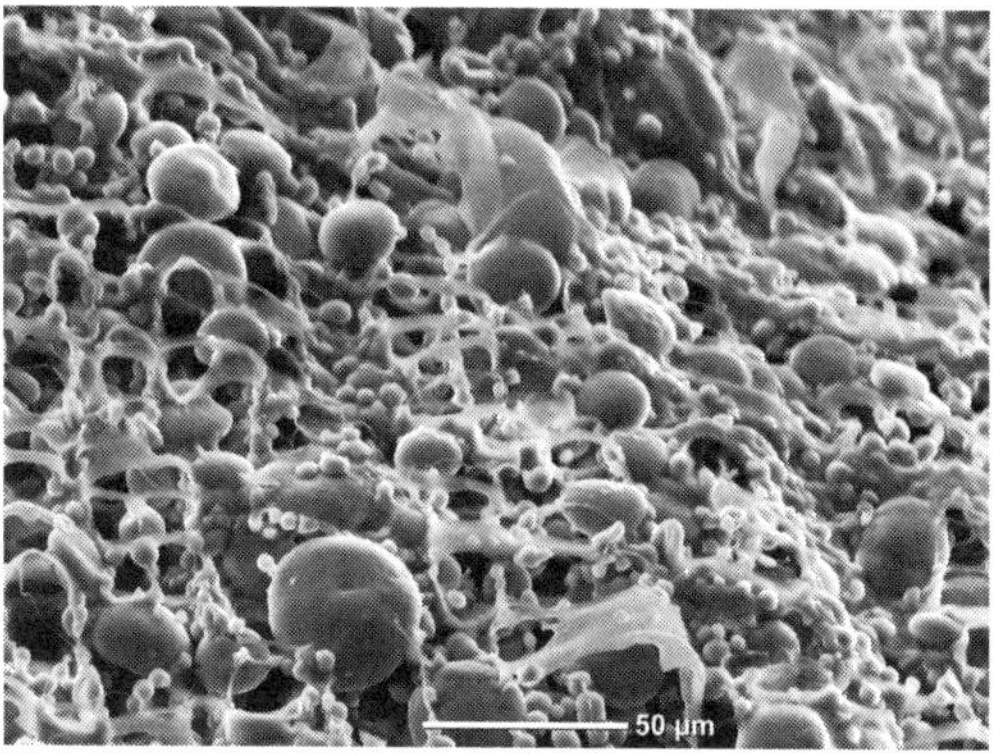

図 2-6　粒状のデンプンと網状のグルテン
出典元：（一財）製粉振興会「小麦粉の魅力 - 再改訂版」より

中にデンプン粉を閉じ込めることにより、常温で細くて長い形状に伸ばすことができる。デンプンとグルテンの見事な連携プレーで麺が作られるのである。生のデンプンのままでは消化しにくいが、一度ゆでると糊化現象によりデンプン粒子が膨潤して消化しやすくなり、おいしい麺が作られる。**図2-6**に水を混ぜてよく練った小麦粉の電子顕微鏡写真を示す。粒状のデンプンを網状のグルテンがよく絡まって囲んでいる様子が見られる。温度を上げていくと粒状のデンプンが膨潤して糊化が進んでいく。小麦から作られる麺は、自然からの二つの贈り物であるブドウ糖とアミノ酸が融合した傑作と言ってよいのではないだろうか。

Ⅱ 「細くて長い形」を使う——衣の文化

「細くて長い形」をした素材を生み出すために、デンプンやセルロースやタンパク質が大きく貢献することを学んだ。これらの素材を作りだす自然の巧妙な仕組みに脱帽した。「細くて長い形」をした材料は、私たちの衣食住の多岐にわたる分野で用いられている。ここでは、衣の文化・食の文化・住の文化に分けて、人類がたどった軌跡を調べていこう。

最初は、衣の文化からスタートするものとする。人類の長い歴史の中で、類人猿と枝分かれして、体毛を喪失する道を選択して進化していった人類にとって、氷河期などの過酷な寒冷の環境を生き延びるために、身体を保護する衣服は大切なアイテムであった。身体全体を覆うために、柔らかくて変形が容易で、かつ簡単に破れない強い布があればと、先人たちが願望したであろうことは容易に想像できる。

1 人類が最初に手に入れた衣装——動物の毛皮

人類が最初に手に入れた衣装は動物の毛皮であった。毛皮は文字通り、毛と皮からできている。動物の毛は上毛（刺し毛）と下毛（綿毛）からできており、表皮から生えている。上毛は数十マイクロメートルの太さで強く、弾力性・耐水性に富み、身体を守る役目を果たしている。そして、上毛はツヤがあり美しく、波紋などの動物の特徴が形づけられる。一方、下毛は上毛の数分の一の太さで、上毛の周りに生えた、短く柔らかなふわふわした毛である。密生した下毛の間にできる空気の層が、体温の発散を防ぎ、防寒の機能を果たしている。毛皮の良し悪しは、この下毛の密生の度合いによって決まるとも言われている。

人類は、剝片石器（スクレーパ）を用いて、剥いだ毛皮の裏面から脂肪や皮下組織を掻き落とし、剥皮した動物皮を乾燥し柔らかくする原始なめし技術を用いて身体を覆う毛皮を作ったと思われる。さらに、動物の骨から作った骨針で、毛皮に孔をあける一方、毛皮の一部を割いて細長い糸を作るか、または動物の腱から作った糸で毛皮を縫製して、身体を覆う最初の衣服を手に入れたのであろう。京都大学の西村三郎氏は、人類が毛皮を利用し始めたのは、今から約一〇万年前ぐらいだろうと推測している。それならば、人類の歴史の大部分の時間を、人類は体毛を喪失した裸体で生活していたことになり、長い年月、人類が生き抜くために払った苦労はいかばかりであったか計り知れないものがある。

2 「細くて長い形」をした「繊維」の登場

最初の人類の衣装である毛皮は衣装としては完璧なものでなかった。毛皮は毛と皮で構成されているため、重くてごわごわして体にぴったり添わない欠点があったのである。そこで、人類は長い年月をかけて、毛皮の欠点を取り除く衣服を考え出した。毛皮の毛と皮のうちで、毛の部分のみを用いて、軽くて、防寒の機能を持ち、身体にぴったりと合う衣服を作ることに挑戦したのである。太さ数十マイクロメートルで長さが数㎝の毛だけを集めてもバラバラになってしまい身体を覆うことはできない。この問題を解決するために、幾つかの技術革新が必要であり、今から数千年前になってやっと人類は解決策を手に入れることになった。技術革新の第一は、動植物から細い繊維を取りだす技術である。第二は、数十本の繊維を捩って長い糸を作りだす紡糸技術である。さらに第三は、糸を絡めて平面の広がりを持つ布にする織物技術である。動物由来の繊維や植物由来の繊維から布を作り出す技術が、世界の四大文明発祥の地で個々に生まれた。それらの地域は、大河の川沿いにあり、豊かな水を使って農耕や牧畜が発達し優れた文明が育まれた地で、「細くて長い形」をした材料のみで布が作りだされ、布から衣装が作られた。

衣の文化を支えた主役の物質は、セルロースとタンパク質である。セルロースから作られた綿と麻の天然繊維と、タンパク質から作られた羊毛と絹の天然繊維が、人類の衣の文化の主役である。数千年前に、ナイル川流域で発達したエジプト文明から麻の繊維が生まれ、チグリス・ユーフラテス川流域で発達したメソポタミア文明から羊毛の繊維が生まれ、インダス川流域で発達したインダス文明から綿の繊維が生まれ、黄河流域で発達した黄河文明から絹の繊維が生まれた。四つの天然繊維から作り出される服地は、数千年を経てもなお、現代の私たちが使用している優れものである。人類に貢献した四つの天然繊維には、それぞれ立役者たちが存在するが（図２－７）、立役者たちが作り出す文化を調べていこう。

羊毛の文化　人類は長い間、食糧の獲得が不安定な狩猟生活を送っていた。草食動物の群れを追いかけて狩猟している間に、先人たちは草食動物を殺さないで生け捕りにして、囲いの中に入れて、捕食動物から守って家畜化する方法が有効であると思いついたのであろう。囲いの中で草食動物を飼育していると、必要な時に食肉を手に入れることができる。さらに、囲いの中で繁殖させると草食動物の数も増える。すなわち、牧畜によって食肉を安定的に獲

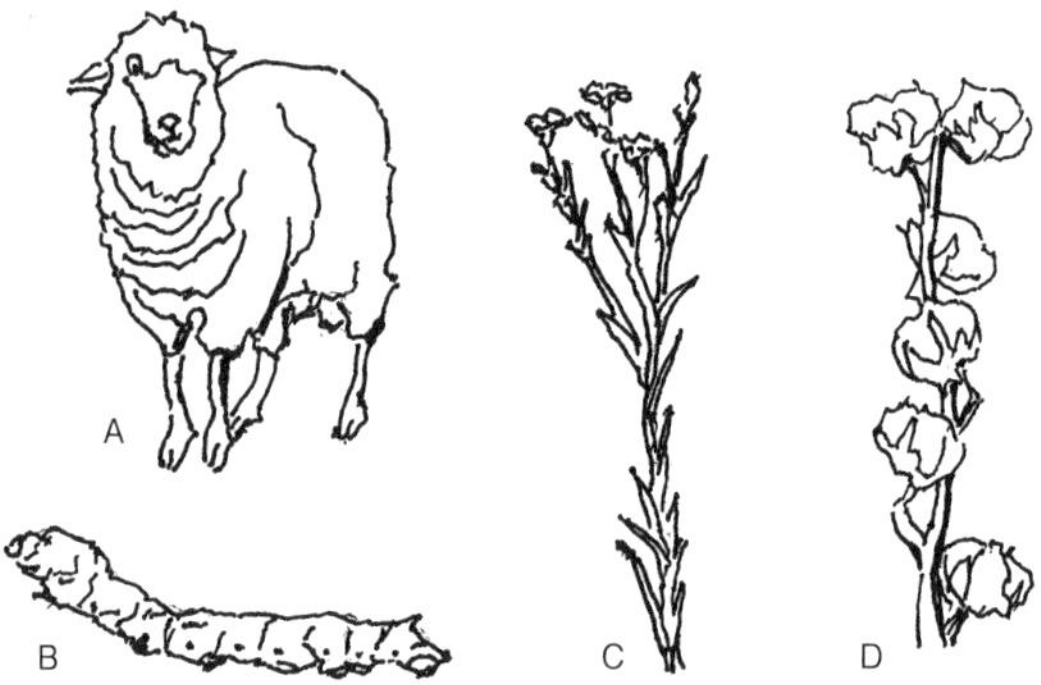

図 2-7　4つの天然繊維を作り出した立役者たち
A：羊毛を生み出すメリノ種の羊　B：蛹になる直前の蚕
C：亜麻（リネン）　D：綿花の木

得できるようになった。

チグリス・ユーフラテス川の流域にあるイラク・シリア・トルコにまたがる肥沃な三日月形をした地帯は、最も早く農耕・牧畜文明が生まれた地域で、野生の羊を囲いの中に入れて殖やしていき、約一万年前に、羊は食肉用として家畜化された。およそ紀元前七〇〇〇年頃の遺跡から、野生羊と異なる小型の羊の骨が大量に出土しており、最古の羊の家畜化の証拠と考えられている。長い間、毛皮を衣装としていた人類は、囲いの中で飼っている羊を食肉とした後に残っている毛皮を、安定供給される衣装として利用したであろう。しかし、毛皮は重くて、肌にしっくり合わないゴワゴワ感を感じるため、先人たちは、もっと軽くて肌をぴったり覆う衣装があればと願っていたであろう。一方、家畜羊の世代を重ねていく間に、細く柔軟で捲縮が多く弾性に富む下毛が豊富な品種が作られていった。ふさふさした羊の毛を眺めているうちに、毛皮の皮を除いた毛だけから衣装を作ることを思いついたものと考えられる。さらに嬉しいことに、羊の毛を刈り取れば、その羊は再び体毛をふさふさと生やしてくれ、衣装の素材の安定供給が可能になることを見出した。

羊毛からフェルト作り およそ紀元前三〇〇〇年頃、羊毛の繊維利用が始まった。長さ数cmの細長い繊維状の毛から、平面状の布地を作る第一歩は、繊維の絡みを利用して、二次元平面にランダムに配した繊維の束を、押し付けて固定したフェルト作りであったろう。羊毛の繊維の表面はギザギザ状で、繊維同士が絡みやすいため、フェルト状に仕上げるのは、比較的容易な材料であった。分厚いフェルトからは、靴や帽子などが作られた。

羊毛から毛織物作り 次の段階として、羊毛の繊維を紡いで糸を作る技術、糸から毛織物を作る技術が紀元前にメソポタミアで開発されて、毛織物として利用された。毛織物から作られる上衣やズボンは、きびしい寒さから人々を守ったにちがいない。毛織物の技術は、ヨーロッパとアジアにまたがって築かれた古代ローマ帝国に伝えられ、帝国の執政官であったユリウス・カエサルは、兵士の衣服として毛織物を用いた。その後、ローマ帝国の属国であったスペインで長い年月をかけて羊の交配をくり返し、品種改良が行われた。八世紀になって白色の羊を作りだすことに成功し、これがメリノ種の原型となった。ヨーロッパで、羊毛から毛織物を生産する毛織物産業は大きく進展したが、羊毛の主要な生産地は、スペインとイギリスであった。イギリスには、紀元前のローマ帝国の植民地時代に羊が持ち込まれ、長くて粗い剛毛種の羊が飼育された。

毛織物はルネサンスの発展を支えた　ヨーロッパで盛んになった羊毛の産業を背景として、一〇世紀から一二世紀にかけて毛織物は地中海貿易の重要な商品となり、イタリアに続いてベルギーが毛織物取引地の中心となった。そして、この取引から手にした膨大な富は、ルネサンスの芸術などの発展を支えたのである。イギリスでは、一五世紀には原料（羊毛）の輸出国から製品（毛織物）の輸出国へと転換し、産業革命以前のイギリスの財政を支える主要な産業となった。さらに、一八世紀末にイギリスの植民地であるオーストラリアやニュージランドに牧羊が伝えられ、メリノ種を改良して、白さが際立つ繊細で優美な細毛種を生産するようになった。現在、世界で羊毛の世界生産量は年間二一〇万トン台であるが、オーストラリアとニュージランドの二国で世界の羊毛の五〇％弱を生産する羊毛大国になっている。

図2-7のAにメリノ種の羊を示す。

絹の文化　中国の黄河のほとりで、約五〇〇〇年前に、新しい「細くて長い形」をした衣服の素材が生まれた。森の中で蚕が蛾になるために、繭に入って蛹になる必要があるが、蚕が口から糸を吐き出して山繭を作り、木枝に植え付けていく風景は、長い年月、幾世代にもわたって繰り返されていた。中国の神話時代の黄帝妃が、ある日、山繭を手にしながら、お茶を入れようとして、誤って湯の中に山繭を落としてしまった。箸で懸命に拾い上げようとしているうちに、繭がほぐれ、純白の糸が手繰っても、手繰っても続いて出てくる偶発的な出来事から、絹糸が誕生した。このようなエピソードが伝説として後世に伝わっている。

養蚕技術は門外不出　黄河文明の中で生まれた養蚕技術は、長い間、中国から国外に出すことが禁じられ、絹糸で織られた絹織物は中国国内でのみ生産されてきた。絹織物は、中国の長安から天山回廊を経て、東ローマ帝国の首都コンスタンチノープルに至るシルクロードを、駱駝の背に乗せて、三～五世紀頃にはギリシャ・ローマに渡っていった。絹織物から作られた衣服は、落ちついた光沢、深みのある色、心地よい肌触り、優雅なドレープ性を持ち、毛織物しか知らなかった当時のヨーロッパの上流社会の女性のハートをとらえた。断面がおむすび形の絹糸特有の風合いと光沢や、絹の黄ばみなどの環境に弱い側面も合わせて考慮して、絹糸は繊維の女王と、もてはやされた。図2-7のBに蛹になる直前の蚕を示す。

養蚕技術が西洋に伝わった

中国で国外秘とされていた養蚕技術が西洋に伝わったのはいつ頃だろうか。六世紀中頃に、東ローマ帝国のユスチアヌス帝は、二人のペルシャ人宣教師に命じ、中国での伝道の帰路、蚕が産卵した紙と、蚕の食べ物である桑の種子を、竹の杖の中に隠してコンスタンチノープルに持ち帰り、蚕の飼育に成功した。そして、コンスタンチノープルが養蚕の中心地になった。一二世紀頃、養蚕はイタリアのシチリア島へ、次にスペインに移り、それぞれの地で毛織物とともに主要な産業となったが、一五世紀には、フランスのリヨンが絹織物産業の中心地になった。しかし、絹織物は高価であったので、上流階級のみが恩恵にあずかり、庶民には普及しなかった。一九世紀後期、世界有数の養蚕国であったフランス・イタリアの蚕が伝染病で壊滅した。日本はヨーロッパの救済のために、日本の蚕を送ると同時に、日本国内の養蚕が発展期を迎え、日本は絹の輸出国となり、二〇世紀に入ると、絹の生産量が世界一になった。しかし、一九八〇年代から急激に後退した。現在は、絹発祥の中国が世界一を占め、生糸の年間の世界生産量は二〇万トン弱あり根強い人気がある。

麻の文化

世界を見渡すと、亜麻（リネン）、苧麻《ちょま》（ラミー）、大麻（ヘンプ）、黄麻（ジュート）

など多くの種類の麻が現在でも作られ使われている。

亜麻織物がエジプトから世界に広まった　歴史的には亜麻から作られる布が大活躍した。亜麻は約四〇〇〇年前にエジプトで栽培され、織物が作られ、とくに漂白した白い亜麻の衣服は、当時の上流階級の衣服に用いられた。エジプトのミイラが亜麻の布で包まれていたことはよく知られている。その後、イスラム帝国が勢力を拡大するにつれて、八世紀には、亜麻は地中海のシチリア島に伝えられ、イタリア・スペインを経て、ヨーロッパ全土に伝わっていった。とくにライン川をたどって亜麻は広がり、オランダ・ベルギーが、亜麻の交易と生産の中心となって栄えた。上着などは羊毛の毛織物が使われ、下着をはじめシーツなど生活に欠かせない織物に、亜麻が長く用いられ、中心的な繊維として活躍してきた。しかし、亜麻繊維は、綿繊維に比べて腰が強い特性があり、亜麻の衣服はゴワゴワ感が強い。一八世紀の産業革命以後のヨーロッパでは綿製品が広く普及し、亜麻は綿製品に王座を譲った後も、亜麻独特の感触の人気が世界で今も続いている。亜麻の年間の世界生産量は現在でも七〇万トン強であり、その約七〇%がフランス・ベルギー・オランダで占められている。**図2-7**のCに、亜麻（リネン）を示す。

苧麻が日本では使われた　日本では、江戸時代までは、麻の一種である苧麻が庶民の衣料品の原料として広く用いられてきた。中世の越後国は日本有数の苧麻の産地で、優れた麻布（上布という）を織って世に送り出していた。戦国大名の上杉謙信も、京都の朝廷に越後上布を献上している。江戸時代以後は、綿が衣料品の原料の主役となったが、麻布の生産は少ないながらも現在に至るまで持続しており、越後上布の技術は、国の重要無形文化財に指定されている。

綿の文化　古代インドのインダス川のほとりで、約五〇〇〇年前に、植物の種子を保護する綿毛から優れた衣材料が生まれた。インダス文明の栄えたモヘンジョダロ遺跡で綿の栽培跡が見つかっている。紀元前三二七年、アレキサンダー大王のインド遠征によって、インド産の綿布がアラビアや東ヨーロッパにもたらされた。それが地中海沿岸を経由して、一二世紀頃にはヨーロッパ全土にも伝えられたが、インド産の綿は熱帯産の品種であったので、綿の栽培は北緯四〇度より南の地中海に面した地方に限られることになった。一四九八年、ヴァスコ・ダ・ガマ船団がインドの西海岸にあるカリカットに到着した。これ以後、ヨーロッパは大航海時代に入り、東回りの海路で東アジアと繋がるようになり、交易が盛んになった。一七世紀後半には、香料・タバコ・砂糖・茶などに加えて、インド産の綿布がヨーロッパ、中でも英国に大量に入ってきた。インドの綿布の出航港はカリカットであったので、英国では綿布はキャラコと呼ばれていた。キャラコは、軽くて、手触りが柔らかく、あたたかく、染めやすく、洗濯が容易で、耐久性も優れ、衣料品として優れた特徴を数多く有しており、さらに安価であったので、爆発的な人気を呼んだ。

英国で綿衣料国産化が産業革命を引き起こした空前のキャラコ・ブームに対して、綿の輸入によって生産量が大きく減少した毛織物業者の反対運動が激しくなり、一七〇〇年にキャラコ輸入禁止法が英国で制定されるまでになった。しかし、綿衣料はすでに広く行き渡っており、人々は綿衣料を手放すことはできないまでに消費量は増えていた。そこで、キャラコ輸入禁止法は綿衣料国産化の促進剤となり、これが産業革命の原動力となった。

まず、綿花の短い繊維を撚って糸にする紡績技術に関して、従来の糸車を使った手仕事では英国民の消費量を満たすことができないので、英国の技術者たちが、綿糸を大量生産する技術開発を競い合い、一七七九年に英国のクロンプトンが、水力を動力としたミュール紡績機を発明し、インド綿におとらぬ細くて強い綿糸を作ることに成功し、瞬く間に英国中に広がり、綿糸の生産量が飛躍的に増大した。一七八二年、ジェームス・ワットが蒸気の圧力を使ってピストンの往復運動を回転運動に変える装置を作り出し、蒸気機関があらゆる工場の動力源として利用できるようになった。早速、一七八五年にはカートライトが蒸気機関を動力として、綿糸から布を織る力織機を発表した。さらに、蒸気機関車や蒸気船が登場して交通革命が進み、一九世紀前半に英国を中心として産業革命が広く進行したのである。これまで綿布の輸入国であった英国が綿布の輸出国に変貌を遂げたのである。

一方、コロンブスが一四九二年に西回りの海路で大西洋を横断して新大陸へ到達した。西回りの航路が開けたのである。綿はインド産以外にも南米産のものもあり、これが大西洋を越えてヨーロッパに知られるようになると、すでに伝えられていた綿との交雑がなされ、綿花の繊維長さが従来のものに比べて約二倍の新種が誕生し、世界に広がった。エジプトで栽培された新種はエジプト綿と呼ばれた。さらにアメリカ南部でもこの新種が栽培され、一九世紀中頃には、アメリカ南部は綿花王国と呼ばれるほどに盛んになり、英国で生産される機械綿布の原料の七五~八〇％を占めるまでになった。**図2-7**のDに、綿花の木を示す。綿は下着はじめ身体を包む衣料品に数多く使われ、現在、年間の世界生産量はおよそ二六〇〇万トン台であって、他の天然繊維に比べ圧倒的に多く使われている。

衣材料の今　一九二〇年代に米国のフォード社の大衆向けの自動車が普及するなど、二〇世紀に入り自動車が交通手段の主役となり、それにつれて、燃料としての石油の需要が増大した。それと共に、燃料以外の副産物を利用する石油化学が発展し、ポリエチレンをはじめとして、いろいろな高分子化合物が生み出された。石油に由来する高分子化合物を樹脂と呼ぶが、その多くは可塑性の性質を示す。その性質を利用して、いろいろな形状の製品を作り出すことができるため、高分子化合物はプラスチック材料とも呼ばれる。

合成繊維の誕生

衣材料の分野でも、天然材料のセルロースやタンパク質に頼らなくて、天然繊維を凌ぐ材料作りを目標にかかげて、石油を原料として「細くて長い形」をした繊維材料の開発に力が注がれた。そして、三つの優れた繊維が生まれた。これらは、セルロースやタンパク質と関係ない材料から作られたものなので、合成繊維と呼ばれている。米国・デュポン社のカローザスが一九三六年にナイロン繊維を開発した。五年後、英国のウィンフィールドとディクソンがポリエステル繊維を開発した。さらに一五年後、米国デュポン社からアクリル繊維が世に出された。合成繊維は天然繊維にない特徴を有している。強度が高く、しわになりにくく、吸湿性、吸水性が低いため、乾きがはやい特徴を有している。特に、アクリル繊維は羊毛に似た性質を有しており、代替品として多く使われている。

天然繊維の綿は今でも大活躍

一方、自然からの恵みである天然繊維の綿は、数千年もの間、人類に恩恵を与えてきたが、合成繊維が生まれた現在においても繊維の王様である。肌に直接つける繊維として、綿の右に出るものがなく、二〇〇〇年の統計では、すべての世界の繊維製品の約四〇％が天然繊維の綿でできているから驚きである。

3　いろいろな織り方が登場し衣文化を支えた

体毛を喪失した人類の身体全体を覆うために、柔らかくて変形が容易で、かつ簡単に破れない強い布を作る技術の開発が必要であった。人類は知恵を働かせて、二つの段階の技術開発を経て、天然繊維を素材にした布を作りだした。

第一段階は、紡績技術の開発である。天然繊維を糸として利用するために、長さ方向に引き揃えて束にして撚りをかけて強さをもたせ糸にする技術であり、手動の紡錘車や糸車などが開発された。一八世紀に入りミュール紡績機が生まれ、紡績技術が機械化された。

第二段階は、一次元の糸を使って二次元の広がりを持つ布を作る技術の開発である。世界中で、いろいろな手法が考案され、その織り方は**図2‐8**に示すような織物・編物・組物《くみもの》・不織布《ふしょくふ》の四種類の手法に大別される。

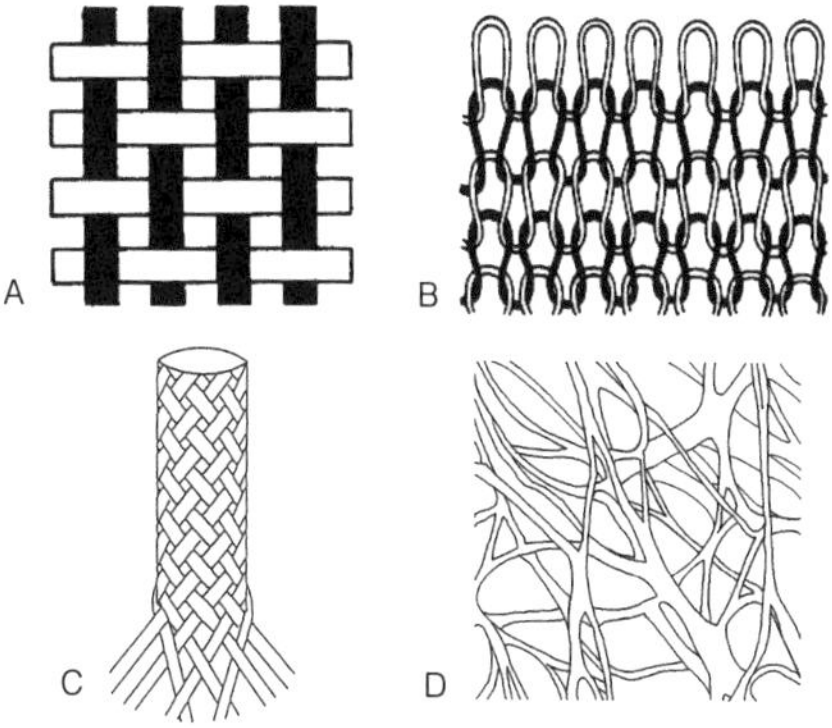

図2-8　布づくりを支える立役者たち
A：織物　B：編物　C：組物　D：不織布

織物――縦糸と横糸が紡ぐ布　織物は最も古い織り方で紀元前から始まっている。最初に、織機に縦糸（緯糸ともいう）をセットする。次に、横糸（経糸ともいう）を縦糸に交差させていくことで、二次元の布が織られていく。織物を図2-8のAに示す。縦糸と横糸の交差の仕方により、いろいろな表情を持つ布が織られていく。基本的な織り方に、平織・綾織・朱子織がある。平織は、縦糸と横糸を交互に絡ませた最も基本的な織り方で、丈夫な織物が作られる。綾織は、平織よりも交互に絡ませる個所を減らして織っていくと、斜めの線が現れるため、この呼び名がつけられた。平織よりもしなやかな織物ができる。朱子織は、縦糸と横糸の交差点を綾織よりもさらに少なくして、表面からは、縦糸または横糸だけが見える織り方である。表面が滑らかで光沢があり、手触りも柔らかい織物が得られる。

さらに一歩進めて、布全体が一種類の織り方でなく場所に応じて織り方を変える手法が考案された。究極の布として、絵画のような模様を織りこむジャガード織物機がフランスのリヨンで開発された。織物の模様のプログラムを記した多数の孔カードを読む装置を取り付け、カードの孔の位置を読み取って織物機の縦糸の上下運動をコントロールした。この装置を用いて一〇〇色をこえる糸を使った絵画のような柄まで織れるようになった。明治初期、京都の西陣から、織物技術の近代化への期待を担ってフランスのリヨンに渡り、ジャガード織物技術を日本に紹介した佐倉常七・井上伊兵衛・吉田忠七の活躍は有名な逸話である。

編物——縦糸または横糸の一方向の糸だけで広がる布　二次元の広がりを持つ布を、縦糸と横糸の両方の糸を使って作るのでなくて、縦糸または横糸だけを使って作る手法である。編物を**図2-8**のBに示す。縦糸だけで作った編物を縦編み、横糸だけで作った編物を横編みという。編物では、糸でループを作り、そのループに糸をくぐらせて、次のループを作ることを繰り返していくことにより、平面に広がる布が作られる。縦糸を使わない横編みは、縦糸をあらかじめセットする必要がないため、大掛かりな装置がいらない。ループを作るカギ針や棒針さえあればよいので、家庭で手編みができる。女性が、自由自在に動く両手で編み棒を操り、ループ状の編み糸を絡み合わせ布の平面を広げていく姿は、家庭の温もりを伝える風景の一つである。ループは変形が容易であるため、ループが連なって平面を作る編物は、伸縮性に優れている。そのため、身体にフィットしやすくなり、Tシャツ、肌着、靴下などが編物で作られる。

編物は、紀元前の古代エジプト王朝にその痕跡が見られ、紀元後にヨーロッパに伝わり、主にイタリアとフランスで手編み技術が発展した。一八世紀に入り、編物を手編みから機械で製作する技術に進化した。一方、日本では、編物普及のスタートは遅かったが、明治以後に編物の機械化技術は広がり、現在では世界をリードする優れた編物技術が生まれている。島精機製作所は、一九九五年イタリア・ミラノ市で開催された国際繊維機械見本市で、画期的なコンピュータ制御横編み機を発表し、世界を驚かせた。通常、編物は、編み機で編んだ各パーツを型紙に合わせて「切り」、ミシンなどで「縫い合わせる」という工程を経て、立体的な形にしていくが、同社が開発した技術では、この縫い合わせる工程をなくし、糸から完成品まで一つの編み機で編んでしまうという画期的なものであった。

組物──二方向の糸を絡ませ作られる三次元形状の布

布というと、私たちは長手方向に縦糸が通り、直角方向に横糸が組み合わせる織物をイメージするが、長手方向に対して二組の糸が斜めに交差して構成していく組物という織り方がある。組物を図２‐８のＣに示す。組物は、平面形状はもちろん、織物では織れない三次元形状の円筒形や角柱形状などの形状を作製することができる。平面形状の平打ち組物、中空円筒形状の丸打ち組物、断面が正方形の角柱形状の角打ち組物など、種類は豊富である。二組の糸の交差角度は九〇度とはかぎらなくて自由に変えることができる。組物は、斜めに交差した糸で作られているので、長手方向の伸縮性は大きい。

組物技術は、奈良時代に仏教伝来と共に大陸より伝えられ、日本で大きく発展した。平安時代に組紐は王朝貴族の装束に欠かせない束帯《そくたい》に使われた。室町時代は茶道具の飾り紐、戦国時代には鎧の緘糸《おどしいと》などと用途の範囲を広げた。江戸時代は、武具、着物の普及にともない、技巧を競い合い、組み方も広がり、羽織紐や太刀・印籠・たばこ入れの紐などにも応用されるようになった。明治時代以後、組紐の需要は廃刀令や和装の衰退により減少していったが、現在では、組機が機械化され、靴紐や、ゴルフシャフトなどの構造部材に組紐技術が応用されており、組物の新しい用途が広がっている。

不織布――ランダム配向した織らない布　言葉が示すとおり、織らない布状の製品である。今までに述べた織物・編物・組物は、織ったり編んだりして、繊維同士を交差させて平面を作る。一方、不織布は、繊維をばらばらにほぐしてランダムに平面状に集積して、接着剤で化学的に結合させたり、機械的に絡ませたり、熱で融着する繊維で結合させたりなどして製作している。不織布を**図２-８**のＤに示す。不織布の歴史は古い。人類が、羊毛の毛を刈り、毛の絡みやすい性質を利用して、毛を絡ませて平面状に加工したフェルトを作った。このフェルトが不織布の元祖である。しかし、現在のような不織布の出現は、フェルトから非常に長い時間を経て、第二次世界大戦後まで待たねばならなかったのである。

不織布は多孔質構造であることが特長で、通気性・ろ過性・保温性などに優れている。加えて、布状やレザー状や紙状に加工できる。紙おむつやカーペットや帽子など用途は広がっている。

繊維フィルタが新型コロナウイルスから人類を守った　二〇二〇年に入り、新型コロナウイルス感染症のパンデミックの危機が地球上の人々に襲いかかった。二〇二一年一月が終わった時点で、世界の累計感染者数が一億人を超え、死者数は二一〇万人を上回った。ウイルスの大きさは、直径が〇・一マイクロメートルとすごく小さい。咳やクシャミの飛沫の直径が三～五マイクロメートル、花粉のそれが三〇マイクロメートルと比較しても、その小ささがわかる。しかしながら幸いなことに、新型コロナウイルスの伝播は、人の咳やくしゃみなどの中にウイルスが混じり、これらが媒介となって感染する飛沫感染やドアノブなどに触れ感染する接触感染によって広がることがわかってきた。咳やくしゃみに伴い出てくるウイルスは水分に覆われ五マイクロメートル以上の大きさの飛沫となる。

繊維材料から作られるマスク

家庭用マスクが飛沫感染を防ぐのに大いに役立つことが、可視化実験などで明らかになってきた。家庭用マスクは不織布で作られている。不織布は「細くて長い形」をした短繊維がランダムに配向された繊維集合体である。家庭用マスクは、微粒子飛沫捕集試験で約一・七マイクロメートルの粒子を九九％までフィルタ捕集できる能力がある。そのため、家庭用マスクを顔面に取り付けることで、繊維間の空隙に飛沫を閉じ込めて飛沫感染を防ぐことができる。さらに、不織布の繊維表面に静電気を帯びる加工を付与すると、能力がさらに向上する。微粒子飛沫捕集試験で約〇・三マイクロメートルの粒子を九五％までフィルタ捕集できる能力があるため、ウイルスを直接に捕集でき、医療用マスクとして使われている。繊維フィルタであるマスクがコロナウイルス感染から人類を守っている。

4　次世代の繊維材料の研究開発を見据えて

細くて長い形の文化展　京都工芸繊維大学の開学一〇〇周年記念事業として、「細くて長い形の文化展」が二〇〇〇年一一月に京都芸術センターで行われた。京都工芸繊維大学は、京都洛北にある国立大学である。京都は、室町時代からの西陣織に代表されるように、繊維材料とかかわる歴史が長い。繊維に関する長い伝統と最先端の技術に貢献したいという要望の下に、本大学が京都に設立されて一〇〇年が経過した。私は、本大学で繊維材料の研究開発に長年携わってきた。本文化展では、衣料・医療・環境・スポーツ・航空宇宙・車両・土木建築の各分野で活躍する最先端の繊維材料が展示された。最先端の象徴として、宇宙服が京都に初めてお目見えした。開会式には、ＮＡＳＡのＷ・レッディ宇宙飛行士にお話ししていただいたのも楽しい思い出である。一方で、西陣織などの伝統文化財や、絵画まがいの細密織物なども展示された。私は、本文化展を企画する責任者として、本文化展を「細くて長い形の文化」と命名したのである。これが、私の「細くて長い形」との最初の出会いであった。それから約二〇年、「細くて長い形」の言葉は、私の中で熟成され、多くの「細くて長い形」との出会いが長く続いた。

繊維材料は人類の発展に貢献してきた材料である。世界に誇る最先端の技術が日本から沢山生まれた。繊維材料の研究開発の情報交換はじめ、繊維材料発展のお手伝いをする学会の一つに日本繊維機械学会があるが、長年、私は本学会にお世話になってきた。

小中学生向けのテキスタイルセミナー

次世代の日本を担う子供たちに、繊維材料の素晴らしさを伝えることは、日本繊維機械学会の重要な仕事の一つである。本学会では繊維材料の素晴らしさを伝える伝道師グループを結成した。繊維材料の素晴らしさを熟知しているフェローたちが中心となって担当した。「Mr.ファイバーマン」と称して出前授業や小中学生向けのテキスタイルセミナーを、二〇一四年から開催し続けている。子供たちに実験や体験をしてもらって、繊維材料の素晴らしさを体感してもらっている。

糸繰り器を用いて、繭から絹の生糸を繰り出す実験を行っている。子供たちが、自分で繰った糸の細さと長さにびっくりし、ハンドルを何回まわしても糸が続いて出てきて、わずか数

cmの繭から数百ｍの糸が取れることに驚く。最後に、繭が無くなり、死んだ蚕が現れる。「私たちは、蚕の命をいただいて、絹糸を作っている」ことを実感してもらい、命の大切さや自然のめぐみの素晴らしさを学んでもらっている。

子供たちが自分の服を拡大して見る体験コーナーで、服地にファイバースコープを当て、スクリーンに映し出す。映しだされた自身の服地を見て、布には織物、編物、不織布の種類があることを体験的に知ってもらった。自分の服地に、信じられないほどの数の繊維が使われ、繊維の規則的な絡み方を見て、いろいろな織り方のあることに驚き興味深々である。

子供たちの反応は素直なものである。繊維材料は、衣服など子供たちの身近にある材料であるので、身の周りの世界にも、高い技術が支えているものが多いと知った時の驚きが、子供たちの反応に素直に現れたのである。繊維材料は、生命の尊さ、自然のめぐみの素晴らしさ、人間の高い叡智などを、実験を通して子供たちに伝えることができる優れた教材なのだ。

小中学生向けのテキスタイルセミナーに参加した小中学生の中から、次世代の繊維材料の研究開発に携わる人材が生まれ、「細くて長い形の文化」の伝承の一翼を担ってもらいたいものである。

Ⅲ　食の文化——「細くて長い」食べ物

長い歴史の中で人類が見出した料理法は、①生で食べる。②加熱して食べる。③発酵して食べる。の三つに分類できる。人類は誕生してから長い間、他の動物と同じく、食物を生で食べていたが、人類は火を扱うことができるようになって、他の動物との差別化が一気に進んだ。人類は、食物を火で温めて食べることができるようになったおかげで、食生活が大きく変化した。動物の肉は、タンパク質でできている筋肉である。筋肉は、束状になった筋繊維を筋膜が包む形になっている。この筋膜は、摂氏六〇度以上で加熱されると収縮し、硬くなり、噛み切りやすくなる。肉汁も出て美味しくなる。また、骨の中にある骨髄を熱することで、コラーゲンがゼラチン化されて食べやすくなる。さらに、病原となる寄生虫や細菌も火を通すことで減少し、身体を守ってくれるようになった。

人類は土器を手に入れた　約一万年前頃に、画期的な技術革新が生まれた。人類は、自由自在に動く手を使って、粘土で形を整え、火で熱して粘土を固めて土器を作ることができるようになった。水を入れても漏れない道具を人類は手に入れたのである。土器に水と食材を入れて熱することにより、食物を煮ることができるようになった。人類は、食材を直接加熱する以外に、煮たりして食べる手法を獲得することにより、硬い獣肉を温め柔らかくして美味しく食べたり、硬い穀物を水と一緒に温め、穀物を柔らかくして食べることができるようになった。火から得られる熱エネルギーを利用することで、人類の食材の幅が一気に広がったのである。

1 「細くて長い形」をした食物――麺《めん》

穀物の主たる食べ方――粒食と粉食　人類の歴史に穀物の果たした役割は計り知れない。狩猟・採集・漁労の生活から、自ら食料である穀物を生産する生活に転換することができるようになり、人類の人口が飛躍的に増加した。穀物の主な食べ方は、粉食と粒食に分けられる。粉食は穀物を粉砕して粉状にして食材に加工し、粒食は穀物を粒状のまま柔らかくして食材に加工するものである。小麦から、パンや麺に代表される粉食の食文化が生まれ、稲の穂から取れる米から、粒食の食文化が生まれた。

細くて長い形をした食物を人々が好む理由　約一万年前のメソポタミアの草原で、小麦の野生種を食料にする技術が生まれ小麦の栽培が広まったと伝えられ粉食の歴史は長い。小麦から作られる代表的な食物である「細くて長い形」をした麺に注目しよう。以前に述べたように、小麦粉に水を混ぜてよく練ると、網目状のグルテンたんぱく質の中にデンプン粉が閉じ込められ、常温で、細くて長い形状など望みの形に変形することができる。一方、生のデンプンは消化しにくいが、一度ゆでるとデンプン粒子が膨潤して消化しやすい物質に変化する。人類は、小麦粉に水と熱を与えることで、小麦粉に二つの変化をおこし、おいしい麺を手に入れたのである。

人々は、食物を口に入れて咀嚼《そしゃく》し体内に取り込むことで食事を行っている。ほぼ無意識でこの作業を進めるために、口に入れる食物の形状は大切である。日本人は粒食の米を主食としている。米一粒の体積が小さいため、粒の数を調整することで、一度に口に入れる食物の量を調整することができ、食事がスムースに進行される。

一方、粒食でない細くて長い形をした食物も人々は大好きである。これは、細くて長い形をした食物がスムースに口の中に入っていくからではないだろうか。これを可能にするのは、細くて長い形の持つ自由度の大きさが大いに関係している。すなわち、口の中の麺の本数と長さという二つの自由度を自在に操ることで、スムースに食事を進めることができるのである。さらに、口の中に食物を一口入れた後も、麺が連続して続いているという安心感も重要な要因だと思われる。付け加えて、人類のアイデンティティーと捉えている「細くて長い形」が連続して続いていく麺を、違和感なく無意識に受け入れる人類の心理も働いているのではないだろうか。

麺を口に入れて、噛み切るときの感触はたまらない。麺の持つコシが、噛み切る感触に影響を与える。麺にコシがあるなどとよく言われるが、コシとは、もちもち感がありながら弾力があるという意味で、いわゆる噛み応えのことを指す用語である。コシには、グルテンと呼ばれるタンパク質が関係している。グルテンは網目のように絡まりながら広がり、チューインガムのように千切れずに伸びる特性を持つ。このグルテンのおかげで、デンプンが作る麺にもちもち感が付与され、麺の特徴が現れる。

2 小麦粉から作られる代表的な麺――うどん・中華麺・パスタ

小麦粉から作られる代表的な麺として有名なのは、うどんと中華麺とパスタである。三種類の麺は、独特の風味やコシを持つ食材であり、三種類の麺から作られる料理は人気が高い。

麺は、洋の東西を問わず、主食あるいは準主食的な料理の主材料として食べられている。

小麦粉の種類は豊富

小麦は六五〜七五％のデンプンを含む人類にとって大切な穀物である。世界のいろいろな地域で種類の異なる小麦が栽培されており、粒が硬い硬質小麦、粒が軟らかな軟質小麦、その中間の中間質小麦が作られ、小麦に含まれるタンパク質は、八％台から一二％台の範囲に広がっている。そして、軟質小麦から中間質小麦さらに硬質小麦となるにしたがい、タンパク質が、少量から多いものに順次移っていく。タンパク質が八％台である軟質小麦から作られる薄力粉を使って、お好み焼きやケーキが作られ、タンパク質が九％以上の中間質小麦と硬質小麦を使って麺が作られている。

代表的な麺であるうどんと中華麺とパスタは、種類の異なる小麦から作られる。うどんを作る小麦は、中力粉と呼ばれる品種が使われる。中力粉に使われる小麦は中間質小麦で、オーストラリアや日本で多く作られている。中力粉に含まれるタンパク質は九％程度である。中華麺とパスタは、強力粉と呼ばれる品種が使われる。強力粉に使われるのは硬質小麦で、主としてアメリカ・カナダ・ヨーロッパで作られている。とくに、パスタは、イタリアで主として作られるデュラム小麦が使われることが多い。これら強力粉に含まれるタンパク質は一二％程度と小麦の中でも最も多い。タンパク質が多くなると、作られるグルテンの量も多くなるので、細くて長い形の麺が作りやすくなり、コシも強くなる傾向がある。

うどん 日本人が大好きなうどんは、中力粉と呼ばれる小麦粉と塩と水から作られる。ここで塩は重要な働きをする。塩を加えることで、塩の収縮作用によってグルテンを引き締め、生地の弾力性を増加させることができる。さらに、生地に適切な熟成期間を与え、足踏みなどで圧力をかけて、生地の中の空気抜きをすることによって、生地がしっかり安定する。でき上がった生地を細長い麺に切っていく。食べる前に湯に通し茹でて、冷水で締めることで、表面のぬるみが取れた、しこしこしたコシのあるうどんが完成する。

素麺 生地を細長い麺に切ったあと、さらに引き延ばし乾燥させて、細い素麺が作られる。うどんに比べて、繊細な感触を持つ素麺もまた日本人が好む食材である。

スープと一緒に食するうどんや素麺は、いろいろな土地で独自の工夫を加えて発展し、その種類も多い。麺は奈良・平安時代に中国から伝わり、社会が安定した江戸時代に、うどん・素麺文化は開花し、日本の国民食になった。

中華麺 中華麺は、強力粉とかん水と水から作られる。かん水とは、炭酸ナトリウムや炭酸カリウムなどを主成分としたアルカリ塩で、強力粉に含まれるグルテンに収縮作用を引き起こし、弾力性や伸び特性を増大させ、中華麺独特のコシ、滑らかさが増すように働く。また小麦粉中に存在するフラボノイド系色素が、かん水のアルカリ性と出会い、淡黄色に発色する。かん水は、うどんに塩が重要な働きをしたのと同じ作用をする。中華麺の発祥の地は内モンゴルである。内モンゴルの大地が永い歳月をかけて育んだ炭酸ナトリウムの結晶が、地下の伏流水に溶け出し、中部の高原にあるかん湖に注いでいた。このかん湖の水で麺をうったところ、コシが出てなめらかな食感の麺ができたところから、かん湖の「かん」を取って名づけられたのである。かん湖は、まさしく天然のかん水の湖だったのである。

　おおよそ一万年年前に、メソポタミア地方で栽培されていた小麦が、約三〇〇〇年前に中央アジアを経て中国の華北地方にもたらされた。小麦から麺に近いものが作られ、文献に登場するのは約二世紀頃である。そして、一〇世紀頃の宋の時代に、かん水を使うようになり、現在の中華麺が作られた。日本には明治時代になって、多くの外国人が横浜などの居留地に住むようになってから、広く行き渡るようになり、中華麺とスープからなるラーメンは今や国民食の一つとなっている。

パスタ　パスタは、強力粉の一種であるデュラム小麦と水から作られる。デュラム小麦にはタンパク質が多く含まれ、うどんにおける塩、中華麺におけるかん水のような添加物を用いないで、パスタの生地を作ることができる。パスタには、穴の開いたマカロニと棒状のスパゲッティが有名である。一四世紀のイタリア・ヴェネツィア共和国の商人であったマルコ・ポーロが中国から伝えたという説があるが、定かではない。しかし、一四世紀のイタリアで、小麦の生地から作る手作りパスタは一般家庭に普及するようになっていた。現代のように、ソースとからめて食べるパスタ料理がイタリアに普及しはじめたのは、トマトとの出会いがきっかけであった。コロンブスが新大陸を発見し、新大陸から観賞用として持ち込まれたトマトは、その後、食用に改良され、一六世紀後半頃からナポリ地方を中心に栽培が盛んになった。それに伴い、パスタとトマトの組み合わせのおいしさに気づいたイタリア国民の間で、パスタが広く普及し、やがて、パスタ料理はイタリアからヨーロッパ各地に広がっていった。その後、圧力機が出現し、小麦の生地を、底に小穴が沢山あけられたシリンダーにいれてピストンで押し出すと、線状のパスタが簡単に作るようになり、普及の度合いが加速された。そして、イタリアは現在でも世界で一番パスタを食する国となっている。

3　小麦粉以外から作られる代表的な麺――蕎麦《そば》・ビーフン

麺は多くの民族に受け入れられている食材であるので、麺の原料は小麦の他にもいろいろな材料が用いられて、特色ある麺が作られている。

ソバは荒れ地でも育つ救荒食物

日本人が好きな蕎麦は、ソバの実を原料とする蕎麦粉を用いて作られる。ソバは、白やピンクの小さな花を沢山つける一年草で、種まきをしてから、おおよそ二ヶ月弱で収穫できる。ソバの実から作られる蕎麦粉は、約七〇％のデンプンと約一二％のタンパク質を含んでおり、エネルギー源としての価値は、小麦や米と同じである。ソバは、痩せた土壌でも成長し結実することから、小麦や米が栽培できない土地でも育つ救荒食物として、奈良時代から栽培され、僻地の人々に食糧を提供してきたのである。蕎麦粉に入っているタンパク質の量はほぼ小麦と同じであるが、タンパク質の種類が異なり、グルテンのような網目構造を作らない。しかし、蕎麦粉のタンパク質は、水に溶けやすく、溶けると粘りを生じるので、その粘性力で麺の形状を維持することができるが、グルテンほどではない。そこで、市販の蕎麦は、二八蕎麦といって、蕎麦粉八割に対して、小麦粉二割の割合で混ぜ、小麦粉のグルテンの力を借りて、蕎麦の良好な状態が長時間維持できるようにして食べられている。

ビーフンは米から作られる麺　中国料理で使われる麺の一つにビーフンがある。ビーフンの原料は米粉である。米の成分は八〇％弱のデンプンと六％程度のタンパク質からなっていて、人類のエネルギー源としてすぐれた穀物である。ビーフンのタンパク質は小麦の約半分であるので、タンパク質の力を借りて、小麦のような麺の「細くて長い形」を維持する効果は期待できない。そこで、米粉を麺の形にするために利用されたのが、デンプンの持つ糊化作用である。デンプンを水と一緒に熱すると、およそ摂氏六〇度付近からコロイド状の糊となる。このデンプンの糊化現象によりデンプン同士がくっついて、麺の形が維持できる。ビーフンは、米を水に漬けて軟らかくし、臼で砕き、袋に入れ脱水したものを、底部に多数の孔のあいた筒に入れ、沸騰している湯の中に細い線状に強く押し出す。デンプンの糊化現象を利用して麺の形が形成される。最後に冷水で冷やして形を固定して完成する。

4　麺料理の特徴——主食的要素とおかず的要素の二つの顔

世界中で麺を愛好する人々は多い。何故、麺が多くの人々に受け入れられたのだろうか。

それは、麺料理が二つの顔を持っているからである。最初に、麺自体には特別の味を持たない中立性があるため、麺は主食的な一面を持っている。次に、麺はスープやソースや具材と一緒に食するのが一般的なので、おかずのような側面も合わせ持っている。このおかず的な要素に、世界の色々な地域性が盛り込まれている。このような二つの特徴を合わせ持つ麺料理は、それぞれの地域の食文化を演出するすぐれものである。

麺は日本の示準料理　作家の小松左京氏は我が国の麺を日本の示準料理と名付けている。これは地質学で使われる示準化石から連想された用語である。示準化石とは、見つかる分布が広いため、地層と対比させ地層年代を決定する場合の標準化石として用いられるものである。麺料理は日本各地の地域の味を比較するのに最適な示準要素を持つ料理に位置付けられると、小松左京氏は考え命名したのである。

5　麺料理の進化——即席麺（インスタントラーメン）の登場

二〇世紀後半になって、新しいコンセプトの麺が日本で生まれ、あっという間に世界中に広まった。日清食品創業者の安藤百福氏が、第二次世界大戦後の疲弊した日本国民に、手軽に食することのできる麺を提供するために、主食的な側面とおかず的な側面を持ち、かつ長期間保存を可能にした即席麺を開発した。麺を油で揚げる瞬間油熱乾燥法によって麺の水分を飛ばし乾燥させることで、麺の長期保存が可能となった。さらに、水分が抜ける際に麺表面に穴ができ、湯を注ぐと穴に浸透して即座に柔らかくなるため、すぐに食べられる即席麺が生まれた。製麺、麺の味付け、油揚げ乾燥という一連の製造工程が確立されて、即席麺の量産が可能になったのである。さらに、即席麺を入れる容器が進化をとげた。麺を入れる容器に三つの機能が備わった。麺を食するときの食器になるのはもちろん、麺に湯を注いで料理するときの調理器具になり、店頭に並ぶときは包装材の役目をこなす。この三役をこなす容器に、即席麺と瞬間乾燥した具材を入れて食する新しい麺料理法が生まれたのである。

新しい発想をつめこんだ加工食品は世界中の人々に受け入れられ、世界中の即席麺の年間消費量は、二〇一八年には一〇〇〇億食を超えた。なんと全世界で一日あたり約二・八億食の即席麺が食されている計算になるのだ。二〇世紀になって麺料理は進化をとげたのである。しかし、すべてが即席麺に取って代わった訳ではない。長い歴史を有するうどん、ラーメン、パスタなどは、それぞれの地域で今も食されていることは言うまでもない。

Ⅳ 住の文化——「細くて長い」材料と構造物

私たちの生活の中で、衣食住の一つである「住」に関わる分野で、「細くて長い」材料が大きく貢献している。太古の昔から、人々は生きていくために、風や雨などの自然環境や外敵から身を守る必要から、建物を建てた。人々は、建物の中で暖を取ったり、くつろいだり、食事したり、寝たりすることができた。人類は、掘建て小屋から始まり、木造建築や石造建築など次々と建築していった歴史を有している。時代は下り、近年、人々は移動するための交通手段として、車両や飛行機などを生み出した。人々は、車両や機体の中に入り、長距離の移動が可能となった。人類は、このような建物や車両や機体を作るのに、「細くて長い形」をした材料を多く使用したのである。ここでは、構造物に入って目的を果たすという観点から、建物や車両や機体をまとめて扱い、衣食住の住の範疇に入れて述べるものとする。

1 樹木からの贈り物——日本が誇る木の文化

西欧が「石の文化」と呼ばれるのに対して、日本は「木の文化」と呼ばれることが多い。日本列島はアジアモンスーン地域の一部であり、夏の気候を代表する梅雨前線により湿度が高くなる地域である。ヨーロッパの地中海気候では、夏の高温期間に湿度は低くなるが、日本では逆に夏の高温期間に湿度は高くなる。高温多湿の環境は樹木の成長を早めるが、一方で、カビなどが発生しやすく、腐りやすくなることはよく知られている。しかし、樹木に侵入して木材を腐らす木材腐朽菌や害虫の攻撃に対して、樹木の中のリグニンや副成分が、菌の侵入を防ぎ、樹木の成長を側面から助けている。高温多湿の日本の環境が、国土の三分の二を占める豊かな森を育てたのである。日本列島は南北に細長い形をしている上に、平野や山岳地帯があるため、亜熱帯から亜寒帯までの連続した植生の変化があり、千種以上の多様な樹木が生育している。この緑ゆたかな日本に、森の恩恵を受ける里山文化が生まれた。日本人は、里山にある森から樹木を切り出し、「細くて長い形」をした材木を使って、生活に役立つアイテムをいろいろ作り出し、「木の文化」を育んでいったのである。

樹木（ヒノキ）からの贈り物——法隆寺の五重塔

最初に、ヒノキから日本人への贈り物を紹介しよう。ヒノキは光沢があり、香りもよく、水湿にもよく耐え、比重は〇・四四で軽く、日本建築の材料としては第一位の木材である。スギに比べると成長は遅いが、比較的土地を選ばずに育つので、スギに次いで多く造林されている。

日本書紀（神代巻上）に「檜《ひのき》は瑞宮《みずのみや》（宮殿のこと）を為《つく》る材とすべし」と記述されているように、法隆寺の五重塔にヒノキが使われている。法隆寺は、六〇七年に推古天皇と聖徳太子により創建された。日本書紀には、六七〇年に伽藍を焼失したとの記述があるので、八世紀初頭に現在の伽藍が完成したと考えられる。それ以後、兵火や天災には遭わず、現存する世界最古の木造建築群として往時の姿を今に伝えている。国宝の南大門をくぐると、広大な境内が広がり、国宝の仏像・仏具や建物の数だけでも四〇弱に及び、日本を代表する寺である。五重塔は寺の中心である西院伽藍に金堂と並んでそびえている。

仏舎利（釈迦の遺骨）を祀るために造られた塔を仏塔という。五重塔は、**図2-9**に示すような五重の屋根を持つ仏塔である。五重塔は全体を心柱が貫く構造になっているが、その心柱を支えるのが地下一・五mの深さにある大礎石であり、礎石の上部には舎利容器などが納められている。舎利容器の中には釈迦の遺骨の粒が納められている。塔の先端までの高さは三二・五mであるが、この塔には一本の太い柱（心柱）が、土台から塔の先端に突き出ている相輪まで貫かれているのである。仏陀のお墓である五重塔では、最上端にある相輪が宗

図 2-9　法隆寺の五重塔と心柱
出典元：左図 藤森照信、前橋重二著『五重塔入門』（とんぼの本／新潮社刊）
法隆寺五重塔断面図

教的な意味を持っており、心柱は相輪を高々と天まで持ち上げ支える役目をしている。心柱と五層の建物は構造的につながっていなくて、心柱自体が五層の建物そのものを支えているわけではない。周りの五層の建物は、相輪を支える木製の心柱を守る覆いの役目を果たしており、日本独特の様式である。日本では、高く凛とそびえる「細くて長い形」の心柱に対して、神仏がやどる厳粛な思慕を感じる御柱信仰が存在していたと思われる。

五重塔の心柱の年齢　年輪年代測定法によって、法隆寺五重塔の心柱が五九四年に伐採されたヒノキであることが判明した。年輪年代測定法は、伐採された年がきっちり決められるのが特徴である。年代決定の背景には一つのドラマがあった。法隆寺五重塔に対して、一九四一年から一一年間、途中中断もあったが、解体修理が行われてきた。地中深く埋められていた掘立柱の心柱の基部が腐朽して空洞になっていた。修理の際、基部を切断して新材が根継ぎされて、五重塔は往時の姿に復元された。この折に、切り取った心柱から、厚さ一〇㎝の円盤標本が取り出され、京都大学木質科学研究所に長くひっそりと保存されていた。二〇〇一年に、円盤標本の一部に、木材の最外側の樹皮直下の辺材部が残っていることを見出し、年輪年代測定法が適用できることを確認して、奈良国立文化財研究所によって測定された結果、正確な伐採年を突き止めたのである。現存の五重塔が八世紀初頭に完成したことが判明しているので、法隆寺五重塔の心柱は、一〇〇年近くも寝かされた木材を使用していることが明確になった。伐採された木材が、何故そのように長い年月寝かされていたのかは、今もわからない謎である。

日本風土に合った木造建築　日本風土の特徴は、高温多湿となる夏季にある。この気候によって、日本は世界有数の森林大国になった。その一方で日本人にとって気温が高く、じめじめとした夏を過ごすのは大変なことである。この過酷な夏をできるだけ快適に過ごすために、日本風土にあった日本建築が生まれた。日本建築では、身近に豊富にある木材を主要材料とする木造建築が発達した。

軸組み工法によって作られる木造建築

日本家屋の木造建築では、「細くて長い形」をした柱や梁といった軸組が、風や地震など建物に掛かる荷重を支える軸組み工法によって建てられている。柱に貫《ぬき》と呼ばれる梁を通すことで、柱が水平の力にも耐え、壁を最小限にして、障子や襖によって間仕切りがなされる。障子や襖は紙でできている。紙の障子は直射日光を適度に遮ってくれ、障子のある部屋は、温かみを感じる優しい明るさを提供する。さらに、紙には通気性があり、適度に換気を促してくれるし、吸湿性が優れていることから、湿気の多い日本の住宅に適している。障子や襖は機能性にも優れている。鴨居《かもい》と敷居《しきい》と呼ばれる上部と下部の横材に溝を付けることで、障子や襖をスライドさせる。開閉に場所を要する開き戸より合理的に開閉することができる。さらに、軽量な障子や襖を取り外すことで、部屋の空間の広さを自在に変えることができる。障子には、紙を補強する細長い桟《さん》と呼ばれる部材の通し方にも工夫がなされている。例えば、障子の下部にガラスをはめ込み、内側の障子を上下に移動することで明かりを調節する月見障子など、日本家屋には日本人の感性がちりばめられている。

2　樹木は水中で腐らない――逆《さか》さまのヴェネツィア風景

イタリアを代表する観光地の一つであるヴェネツィアは水の都と呼ばれているが、一方で、森の都とも言われている。しかし、ヴェネツィアのいろいろな観光写真を見ても、赤茶色の屋根が続く街並みばかりが目につき、樹木群が一向に見当たらない。ヴェネツィアのサンマルコ広場にある高さ約一〇〇ｍの大鐘楼の展望台に立った時の私の印象も同じである。

無数の木の杭の上に立つ水の都　五世紀中頃ヴェネツィアの都市国家建国が始まった。建国前のヴェネツィアは樹木の影もなく、葦が一面に茂っているだけの沼沢地帯のラグーナ（潟）であった。ここに住む人々は、財宝・家財一切の他に、しっかりした土台の上に家を建てるための材木を携帯しなければならなかった。沼沢地帯の地盤を強固にするために取られた手法は、材木の杭を敷き詰めることであった。移住を始めてから約二五〇年かけて、ほぼ現在の地盤が作られた。地中深くにある固いカランド層まで木の杭を打ち込み、杭の上に海水に強いイストリア産の石が置かれて、**図2-10**に示すように土台は作られた。その上に居住建物や教会などが建てられた。ラグーナでは満潮時でも陸地になっていた部分もあり、一本の

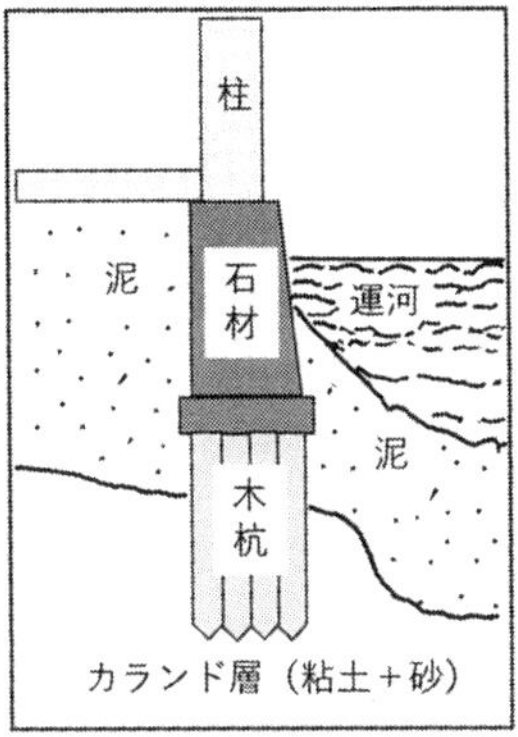

図2-10　ヴェネツィアの地盤を作った、
海水を含んだ泥中に埋まった木杭の模式図

樹木から複数本の杭がとれることなど勘案しても、ラグーナを補強するために、伐採しなければならない樹木は、ざっと見積もっても数十万本以上は必要であったろう。これらの樹木は、イタリア北部の森林から伐採して、川を利用して運んだ。

水中の木の杭は腐らない　ヴェネツィアでは木の杭を海水を含んだ泥中に沈めてから、古いもので一五〇〇年経過しているが、今でも現役である。これは、木材は水中では腐らないためである。木材が腐るのは、木材に木材腐朽菌が増えるのが原因である。木材腐朽菌の生育には、酸素・水分・栄養が必要であるが、空気中と違って、水中では酸素が供給されないため、木材腐朽菌が生育できず、水中の杭は腐らないのである。

ヴェネツィアは森の都か　ヴェネツィアの人々はよく「世界に一つしかない都市だ」といって自分の街を誇る。街には運河が無数に行き交う。迷路のような道が建物を縫っている。自動車にも出あわず、急ぎ足の人々が運河に停泊している渡し船に向かう。他の都市では見られない光景があるからである。ここで、最初の疑問に戻る。ヴェネツィアは何故、森の都と呼ばれるのか。もしも、ヴェネツィアの市街をひっくり返して眺めることができるのならば、林立した無数の「細くて長い形」した杭の密集した姿が現れるはずである。この密集した杭の姿を森に例えて、ヴェネツィアは森の都となぞらえたのである。

3　繊維材料から先端材料が生まれた

航空機や自動車などの乗り物は「軽くて強い」材料を求めている　近年、科学の進歩にともない、交通手段が発達して、多くの乗り物が生まれた。航空機や自動車などが登場したのである。航空機や自動車では、動力源のエンジンの負担を軽くするために、軽い材料で機体や車体を作る必要があった。一方で、強い材料で機体・車体を作らないと、構造体の自重はもちろん、構造体に掛かる外圧や振動に耐えることができない。そこで、二つの要望を叶える「軽くて強い」材料が、航空機や自動車などの乗り物で求められていた。材料の強度を表示する指標の一つに、材料の強度を材料の密度で割った比強度がある。「軽くて強い」材料では、比強度の指標の分子にある強度は大きく、分母にある密度は小さいため、比強度の値が大きくなるのである。強い材料といえば、鉄などの金属があるが、密度が大きい値のため、比強度の値が大きくならない。比強度の値を求めるのに、単位面積あたりの強度（kg／㎡）を、単位体積あたりの重さ（kg／㎥）で割ると、長さの単位（m）になる。取り扱いやすくするために長さの単位を（一〇〇〇m）にすると、鉄鋼やアルミニュムや木材などの比強度はすべて四以下の値になる。そこで、比強度の値が四を超える「軽くて強い」材料を作ろうというのが航空機設計者の合言葉になって開発が進められた。

比強度の大きい材料の登場

この目標は二種類以上の材料を組み合わせた複合材料によって達成された。日本人にとって、実用的な複合材料との出会いは衝撃的なものであった。第二次世界大戦において、墜落したアメリカの軍用機の燃料タンクに、複合材料が使われていたのである。その複合材料は、ガラス繊維とプラスチック材料を組み合わせた材料であった。ガラス繊維は、ガラスを数十マイクロメートルの直径を持つ繊維状に仕上げた材料である。

プラスチック材料は、熱を加えると硬化する不飽和ポリエステル樹脂である。ガラス繊維で織られた布に、不飽和ポリエステル樹脂の溶液を流し込んだ後、熱を加えて固めて構造部材が作られていた。ガラスは硬くてもろい材料というイメージがあるが、ガラスを細くしていくと、ガラス中の欠陥が少なくなり、強度が大きくなり、鉄の強度に近づく。さらに、ガラスの密度は鉄のそれの約二・五分の一、樹脂の密度は約六分の一である。これらのガラス繊維と樹脂を組み合わせた材料によって、比強度が四を超える目標が達成されたのである。

軽くて強い材料を追及する技術革新はさらに進められた。アクリル系樹脂を千度以上で蒸し焼きにすると、骨格を構成する炭素原子のみを残して他の原子は気化して飛ばされ、炭素原子のみから成る炭素繊維が生まれた。炭素繊維の密度は鉄のそれの約四分の一であり、炭素繊維の強さは鉄のそれを超える。その結果、炭素繊維とエポキシ樹脂を組み合わせた複合材料の比強度の値が、ついに一〇を超えたのである。軽くて強い材料で機体を作ることが求められている航空機産業で、待ち望んでいた材料であった。二〇〇九年に就航した米国ボーイング社のドリームライナーと呼ばれる航空機B七八七において、炭素繊維強化エポキシ樹脂の複合材料が、機体の重量の約五〇%にあたる多くの部位に使用されたのである。本材料の適用は、それ以後の航空機にも引き継がれている。旅客機に使用する材料は、破損が起こると大惨事を引き起こすため、とくに信頼性の高いことが望まれている。きびしい基準をクリアした炭素繊維として、日本の東レ社で製造されたものが採用されている。繊維材料は「細くて長い形」した材料の代表選手であるが、先端材料の一翼も担っているのである。

繊維強化複合材料はお仕立てのできる夢の材料

繊維強化複合材料は、強化材と母材で構成される。強化材は繊維材料が担当し、母材はプラスチック材料が担当し、母材が強化材を包み込む。プラスチックは、原子が沢山つながった高分子（ポリマー）であって、常温では、沢山の独立した細長いポリマーがお互いに滑りあうことで、液体のような振る舞いをする。この流れる性質を利用して、ポリマーを希望の形状になるように流しこみ、その後、温度を高くすると、一本一本のポリマー同士が手を結び（架橋という）、三次元の構造となり、流れる性質が無くなって固まり、ポリマーに埋め込まれた強化材が固定される。

　繊維強化複合材料の基本形は、繊維材料を平行に並べ、母材の中に埋めた一方向繊維強化複合材料である。繊維方向に力を加える（荷重という）と、強い繊維材料が荷重を支えることができるため、軽くて強い材料となる。ここで、この荷重方向を〇度と規定する。一方、繊維方向（〇度）と九〇度傾いた方向に荷重を加えると、この方向に繊維が通っていないため、

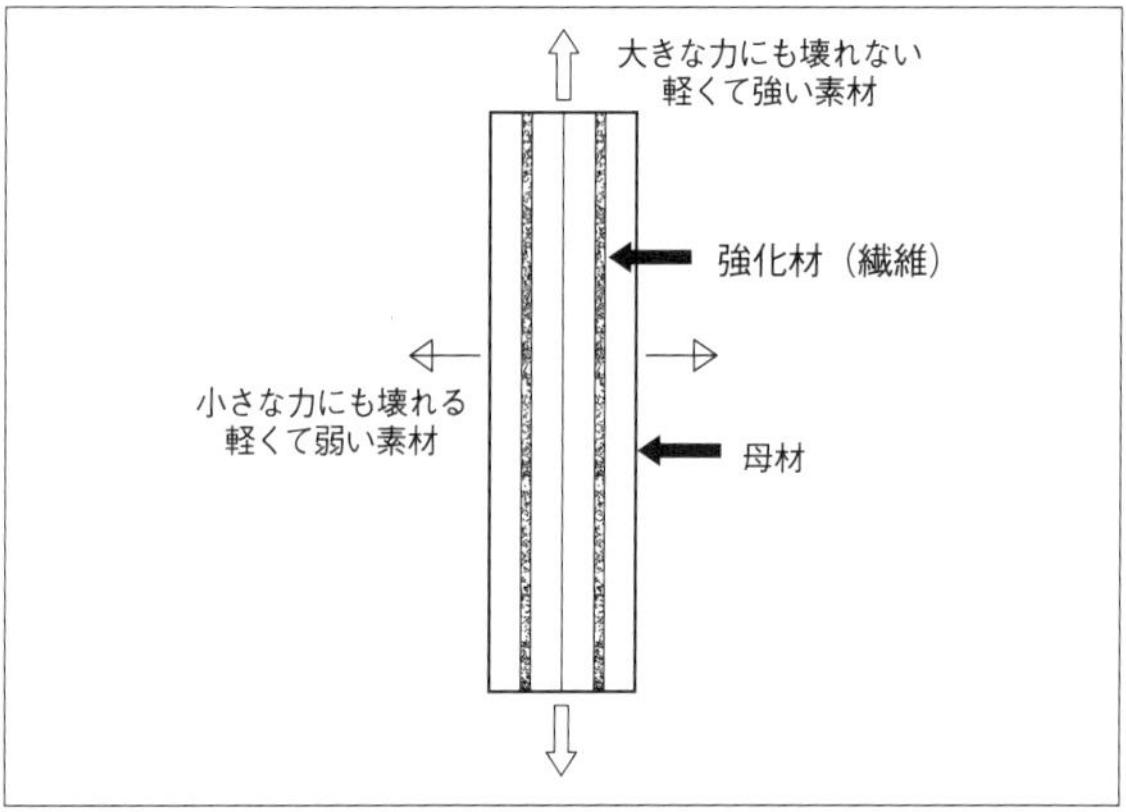

図2-11　一方向繊維強化複合材料模式図

プラスチックの強さ程度しか支えることができない。プラスチックの強さは繊維材料の数十分の一のため、直角方向に荷重がかかると、一方向繊維強化複合材料は軽くて弱い材料となる。荷重が加わる方向によって、**図2-11**に示すように材料の性質が異なってくる。このような材料を異方性材料という。一方、鉄などの金属は、荷重が加わる方向が変わっても、強さが変化しない等方性材料である。荷重方向が一つでなく多くある場合や、荷重方向がわからない場合、どの方向にも強さを発揮する等方性材料は有効である。しかし、荷重方向が設計段階でわかっている場合、その方向にだけ強くて、他の方向はそれほど強くなくてもよい材料があれば最適である。荷重方向が複数ある場合、それぞれの方向に配向された一方向繊維強化複合材料を組み合わせた理想の材料を作ることが可能である。すなわち、繊維強化複合材料は、設計者自身がお仕立てできる材料なので、テイラード・マテリアルと呼ばれる。

旅客機の構造部材　旅客機で具体的に使われている複合材料は、炭素繊維強化エポキシ樹脂である。炭素繊維を一方向に並べ、エポキシ樹脂を流し、エポキシ樹脂が固まる架橋段階を中間で止めた状態で保存する材料をプリプレグと呼ぶ。一㎜の数分の一の薄い厚さを持つプリプレグを積み重ねてセットした後、加熱して母材のエポキシ樹脂の架橋を完了し、完全に固まった積層板を、胴体や翼など機体の構造部材として使用している。四種類のプリプレグ（〇度、四五度、九〇度、一三五度）を幾層も重ね、この四種類の配向を組み合わせた**図2-12**のような積層板では、どの方向にも同じ強さを発揮する等方性の性質を示すことになり、本材料が航空機などに用いられている。

自動車の構造部材　乗り物分野で、炭素繊維強化複合材料の次のターゲットは、自動車の構造部材として用いられることである。軽くて強い材料で車体を作れば、車体が軽くなり、燃費が減少するからである。自動車は航空機に比べて、圧倒的に数多く製造されており、使わ

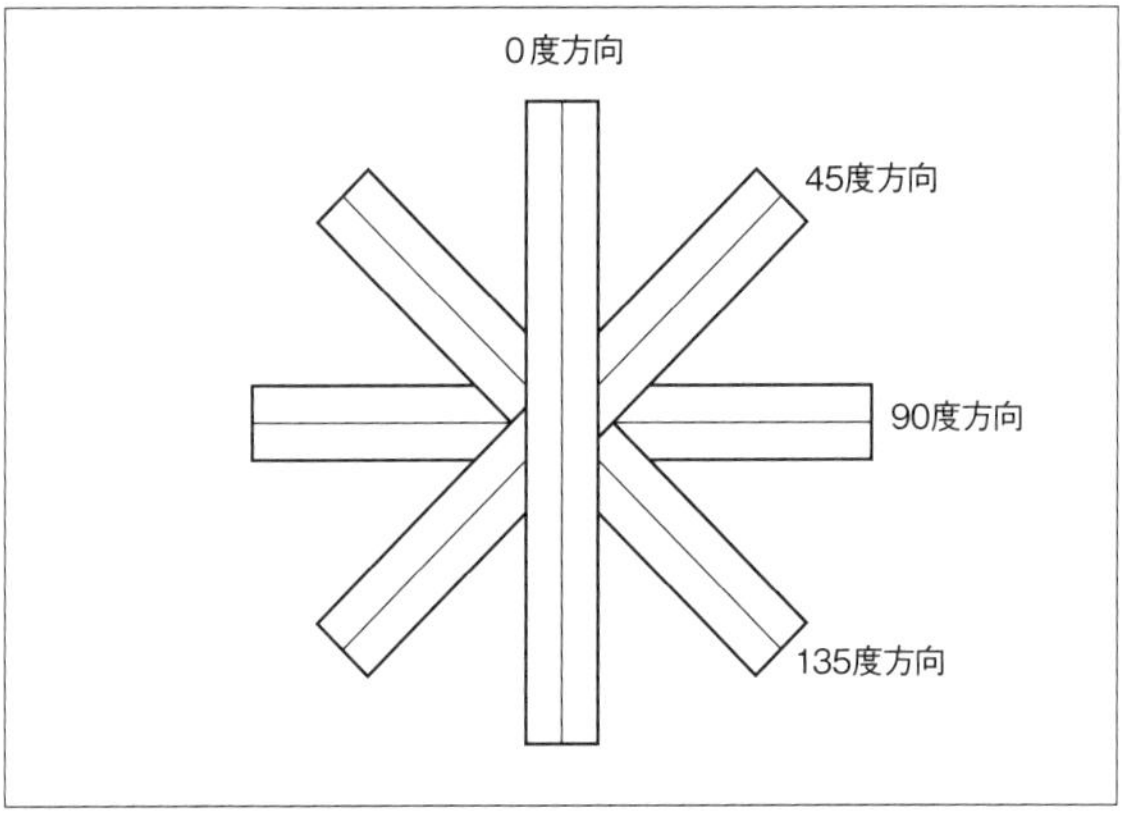

図2-12　4方向に組み合わされた一方向繊維強化複合材料

れている材料の量も膨大である。しかし、自動車に対しては、コストパフォーマンス（費用対効果）の観点からのチェックが、よりきびしくなる。炭素繊維は高価な材料であるため、炭素繊維強化複合材料のコストが高くなる傾向にあり、普及のスピードが上がらないのが現状である。

二一世紀に期待されるセルロースナノファイバー

二一世紀に入り、地球環境は悪化の一途をたどっている。二〇二〇年の日本のゴミは、東京ドーム一一二杯分というすごい量となった。二〇世紀に入って、人類が英知を傾注して開発した数々のプラスチック材料は、人類の進歩に大いに貢献したが、廃棄する段階で問題を起こしている。廃棄するプラスチックは、燃やすと炭酸ガスを発生して地球温暖化に手を貸すし、土壌に埋めても、海に流しても、微生物による生分解が困難のため、ゴミとなって地球上に蓄積されていく。二〇一五年の報告では、世界で約八〇〇万トン以上のプラスチックが海に流出して、海でマイクロプラスチックに細分化され、世界の海を汚染している。

そこで今、待ったなしで環境にやさしい材料が求められている。その観点から、セルロースナノファイバーが注目されている。衣材料の天然繊維や、住材料の木材の基本素材であるセルロースは、微生物によって生分解されるため、環境に負荷を与えない材料である。樹木は身近にあり、枯渇する材料でないので、石油などと異なり、持続可能性が期待できる。さらに、炭素繊維などと異なり、木材のチップなどが原料なので、低コストで作られる可能性が大きい。近年、セルロースをさらに細かく分解できる技術が開発された。数ナノメートルの径で、長さは一〇〇マイクロメートル程度の細片まで分解されるようになった。前述したようにナノメートルはマイクロメートルの千分の一の極小の単位である。セルロースを分子レベルに近い状態で取り出すことで、優れた特性を持つセルロースナノファイバーが誕生したのである。しかし、この小片はあまりにも細かいので、このままでは利用することがむつかしい。そこで、微小なセルロースナノファイバーを単体で用いないで、他の材料の中に入れて使用する用途が拡大している。セルロースナノファイバーは軽量で強度が高く、熱による変形が小さいなど、優れた特性を有している。そこで今、セルロースナノファイバーを強化材とした複合材料が注目されている。

セルロースナノファイバー強化デンプン複合材料——兄弟材料のドッキング

本章の最初に、自然からの素晴らしい贈り物として、ブドウ糖を紹介した。α-ブドウ糖からは、らせん状構造のデンプンが生まれ、β-ブドウ糖からは、直線構造のセルロースが生まれた。デンプンから麺が作られて人類の食分野に貢献し、セルロースから木材や天然繊維が作られて人類の衣・住分野に貢献したことは既に述べた。二一世紀に入り、環境悪化した地球に恩返しをするために、自然から贈られた兄弟材料のセルロースとデンプンを一緒にした構造を持つ、地球の環境にやさしい材料を、大阪大学の麻生・宇山グループが誕生させた。シート状の変性デンプンに、ランダムに配向されたセルロースナノファイバーを複合化すると、透明で、強度は汎用プラスチックの二倍以上もあり、湿潤状態でも強度は保持される新素材、セルロースナノファイバー強化デンプン複合材料が生まれた。新素材を海水中に一か月浸漬すると、海洋生分解が進むことが確認されている。海のゴミにならない材料の誕生である。

国連サミットの行動――SDGs運動

人類は、二〇世紀に入ってから、炭酸ガス増加による地球温暖化、森林破壊、大量のゴミの発生などを引き起こし、地球の環境を悪化させてしまった。環境の悪化の深刻度がわかる指標の一つに、エコロジカル・フットプリントがある。これは、人間の活動が自然環境に与える負荷を表す指標のことであり、世界のエコロジカル・フットプリントは、二〇一三年時点ですでに地球一・七個分に相当しており、地球環境の悪化は深刻である。世界の人々がこれ以上、環境悪化させないために立ち上がった。二〇一五年の国連サミットで、一七項目から成る持続可能な開発目標（SDGs）が採択された。

一二番目の目標は、「作る責任・使う責任」である。もの作りする者の姿勢が問われている目標である。環境にやさしい材料として、セルロースナノファイバー複合材料が注目されており、先ほど登場したナノセルロース強化デンプン複合材料もその一つである。現在、炭素繊維複合材料でネックになっていたコストを抑える可能性が大きいセルロースナノファイバー複合材料が自動車の構造部材に利用できないかと検討されている。さらに、セルロースナノファイバーが分散しているプラスチックは、透明性が大きくて熱変形が小さいため、スマートフォンなどのディスプレイ材料としての用途も開けるなど、応用分野はますます広がってきている。ナノセルロースファイバーは、ＳＤＧｓ運動を進める際の期待される材料の一つであり、二一世紀の人類に役立つ「細くて長い形」した材料の代表選手の一つとなりつつある。

◆この章の終わりに

私たちはこれまで「細くて長い形」を探す旅に出て、「細くて長い形」は人間のアイデンティティーそのものであることを学んできた。それ故、人類は一次元の「細くて長い形」した材料に出会うと、違和感なく創造力が湧いてきて、「細くて長い形」を使う文化を花開かせた。「細くて長い形」した繊維材料を使って、二次元や三次元の形状を持つ衣の文化を築いた。「細くて長い形」した材木を使った木造建築物や、繊維強化複合材料を使った機体などの住の文化を築いた。さらに、連続して喉を通っていく「細くて長い形」をした麺を受け入れ、麺料理を世界中の人々が愛する普遍的な料理に発展させた。衣食住のすべての分野で「細くて長い形」を使う文化を花開かせた人類にあらためて敬意を表したいと思う。

第3章 「細くて長い形」で伝える情報と文化

人類は約七〇〇万年の長い歴史を有している。現代に生きる私たちは地球上の支配者であるが、人類の歴史の大部分は、ライオンのような鋭い爪も持たず、チーターのように速く走ることもできない弱者の苦難の歴史であった。非力な人類が生き延びるために、いろいろな工夫がなされたが、その一つが集団で行動することであった。人類は集団で行動することで、むつかしい狩りを成功させたり、捕食動物からの危険を回避するようにした。人類が集団で一致して行動するために不可欠なことは、お互いのコミュニケーションである。人類が長い年月を経て取得したコミュニケーションの手段は、光を媒介にして視覚によって情報を伝える手法と、音を媒介にして聴覚にとって情報を伝える手法であった。

初期の人類は、霊長類・猿人として過ごした長い樹上生活の間に、三次元空間の位置を正確に捉える視覚と、動物の吠え声や、近づいてくる足音などから、危険を察知するすぐれた聴覚を身につけていた。その後、人類は直立二足歩行に移行することで、重い脳をしっかり支える身体の構造ができあがった。さらに、自由になった両手と、おしゃべりができる口を手に入れた。人類は、これらの機能を使って、最初の情報伝達手段である手振り・言葉を生み出すことができたのである。

I 線・文字——視覚で伝える「細くて長い形」の文化

人類が進化するにしたがい、交換する情報が複雑で多くなった。情報を遠く離れた人々に送ったり、次世代の人々に情報を伝承するために、「細くて長い形——線」を組み合わせた模様や文字が生まれた。ここでは、人類の視覚による情報に焦点を絞り、「細くて長い形をしたもの——線」が、いかに貢献したかについて調べていこう。

1　人類はどのようにして「細くて長い形をしたもの――線」と出会ったのか

太古のきびしい生活の中で狩猟を行うとき、獲物の足跡が重要な手掛かりになったことは想像にかたくない。動物が軟らかい大地や砂地などを歩くと足跡が残るという情報は、人類のごく初期の時代に頭脳にインプットされ、押し付けるものと押し付けられるものとの組み合わせによって、いろいろな形の跡が残るという学習をしていたと考えることができる。

私たちは子供の頃、海岸で遊んだ楽しい記憶を共有している。海岸の砂地のキャンパスに指で、あるいは小枝を使って線を引いたり絵を描いたりしたすぐ後で、波間に消えていく思い出を持っている人は多い。太古の人々にとって、貝が重要な食糧源であったことは、多くの遺跡で貝塚が見出されることから判明できる。引き潮の海岸の砂地から、小石や小枝を使ったり、指で直接に掻いて貝殻を取りだしていたであろうと想像できる。そのような作業の中で、太古の人々は砂地に細長い線や模様が描かれることを経験したのではないだろうか。

太古の人々は、獣肉を骨からそぐのに石器を用いていた。掘り出される化石の中に、打製石器で獣肉を骨からそいだ際に、石器による線形の傷がついている獣骨が見つかっている。石器でそぐ作業の中で、太古の人々は消えることのない細長い線が獣骨の表面に描かれることとを偶然に見出したのではないだろうか。

打製石器は、硬い石を打撃具として石を割り取って作られるが、割れない場合に石の表面に傷が残る。そのような作業の中で、太古の人々は消えることのない細長い線が石の表面に描かれる技術を見出したのではないだろうか。

「細くて長い形をしたもの――線」が意味を持つようになったのはいつ頃だろうか

「細くて長い形をしたもの――線」が意味を持つための条件は、その線によって二つの領域に分けられ、一方の領域には形が見え、もう一つの領域は背景を形成することである。背景から分離して形として知覚する部分を「図」といい、背景となる部分を「地」という。例えば、描く線が閉じられた場合、人間の頭脳は、囲まれた内部の形から、円とか四角と認識する。この場合では囲まれた内部が「図」となる。太古の人々が、細くて長い形の線を使って図を作るようになったのはいつ頃であったのだろうか。

何十万年前の人類の生活は、考古学者らによって人類の化石や石器などから考察するのが一般的である。しかし、当時の人々の生活に使っていた木材とか毛皮は残っておらず、食物の動物の骨などほんの僅かの資料しか残っていない。数少ない情報から、当時の人々の生活を類推することは大変むつかしい。しかし、何十万年前の人類の生活を考察するにあたり、幼児の成長にヒントがあると考えた学者は少なからずいたようである。

ジャン・ピアジェの説　子供が赤ちゃんから幼児までの成長期間に適用される学説で、スイスの心理学者のジャン・ピアジェが提案したものである。それは、子供が所属する社会の発達の程度によって、年齢的遅れの違いはあっても、「人類がその歴史の過程で行ったことを、子供は成長の過程で繰り返す」という説であり、多くの学者からも支持されている。子供の知能の発達は、遅いか早いかの違いはあっても、常に一連の同じ発達段階を経るというものである。どの国の子供も、同じ成長過程を経て大きくなるのは興味深いし、子供が成長過程で太古の人々の行った振る舞いを演じるのも興味深い。この説から導かれるものは、太古の人々の進化の過程を子供の成長過程の観察からヒントが得られるのではないかと期待されることである。赤ちゃんは人類の進化の証人なのである。

◆人類の進化の証人——赤ちゃんは線を描いて成長する

最初に、子供の絵の発達を通して子供の成長過程をくわしく観察している島崎青海氏の報告を紹介する。

ぬたくりから始まる

幼児は一歳から二歳前にぬたくり（スクリブルという）を始める。最初は鉛筆やクレヨンで紙の表面をコツコツとたたくだけである。ところが、紙面を叩くときの音の他に、ぬたくりから紙面上に視覚的な効果が生じるため、楽しい驚きに変わる。鉛筆やクレヨンの先から何かが出てきて、紙の上にしるしを残す。線が引けた瞬間である。かれらはじっと線を見つめている。自分の行為がもたらした予期しない視覚的効果に魅せられて、しばらくこの成果を眺めたあと、かれらは、またこれを二度・三度と繰り返し、たちまち紙はなぐり描かれた線で一杯になる。この瞬間は感動的な光景である。

幼児が腕と手の筋肉の動かし方を習熟してくると、右手で描く場合、多くは波形スクリブルと呼ばれる右上がりの斜めの線を繰り返す。次にぐるぐると丸を描く円形スクリブルに進む。チンパンジーに鉛筆やクレヨンを持たせて試してみると、チンパンジーも幼児と同じ振る舞いはするが、波形スクリブルや円形スクリブルの描写までであり、これ以後は進まないそうである。

幼児の次の一歩は、多くの細くて長い線群の中から形を認識することである。細くて長い線の中から図と地を区別できる線を見つけることである。幼児は自分の描いた線の中に、偶然に母親の顔やイヌの顔が見えたりする。それを指さして、ママとかワンワンなどと言いだす。しかし、しばらくすると今度は同じものを指して、別の名前を言ったりする。元々そのつもりで描いたのではなく、偶然にそう見えただけであるから、時間が経過して気持ちが変われば別のものに見えてくるのである。

物を意識して描く時期に移る

幼児の次の段階は、物を意識して描く時期に入る。しかし、最初に描かれた形は前の段階と大差なく、大人が見てもそれが何だかわからないことが多い。幼児自身も描いてからしばらくすると何かわからなくなり、次に描くと前のものと違った描写になるのも前の段階とほとんど変わらない。

幼児が二、三歳になると、円一つ描いて、よく母親であると言う。家族の中で最も身近な存在である母親の顔を円から連想するからであろう。最初、円は頭から足の先までを含む母親全体を意味する。しばらくすると円の中に目や口が付き、顔の円の下からいきなり足が二本の線で示される「頭足人間」が現れる。さらに成長するにつれて、手、つぎに胴を描くようになる場合が多い。幼児がこのような過程を経るのは、幼児がその時期に何に興味を持っているかによって決定されると言われている。

幼児は六歳位までに、わくわくするような多くの体験をする。幼児はいろいろな線を引く中で図と地を区別して、特定の図形を描くのには時間が必要である。幼児が、円・正三角形・

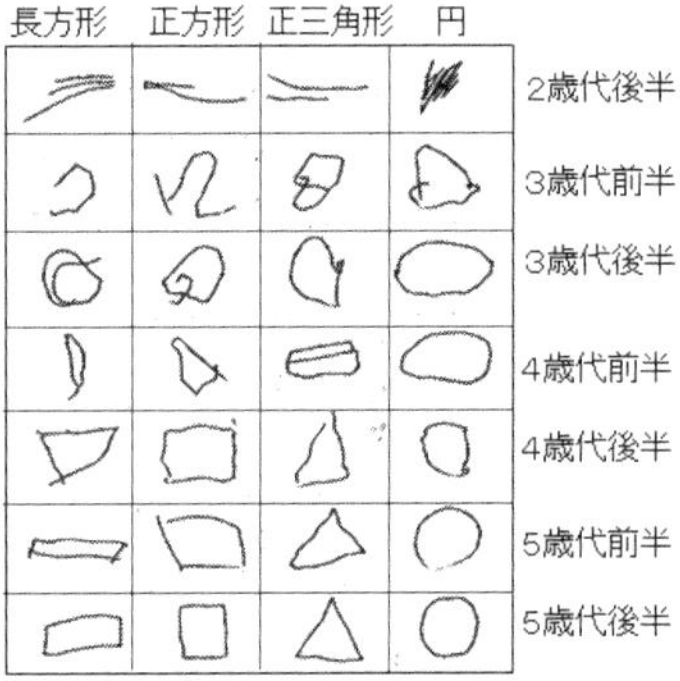

図3-1　幼児の図形模写の発達過程
出典元：田中敏隆著「子供の認知はどう発達するのか」16ページ、金子書房、2002年

正方形・長方形の四つの基本的な図形を真似して、どれくらい似た図形を描くことができるのだろうか。この興味ある課題を詳細に調べた田中敏隆氏のデータを示す。一枚の長方形の枠を上下二つに分け、上半部分に見本図形が描かれ、幼児は下半部分に模写した図形を描く。幼児が六歳になるまで連続してこの図形模写が行われ、幼児期の発達過程が調べられた。**図3-1**に示すように二歳代後半では、単なるなぐり書きであるが、四歳代後半では、図形間にかなりはっきりとした違いが見受けられ、五歳代後半では、ほとんどの幼児が四つの図形をほぼ正しく描くことができることがわかった。人間は生まれてから、ほぼ五年をかけて、線を図と地を分けるように引き、希望の図形を描けるようになるのだ。

2　人類は線を描いて進化した――赤ちゃんからの検証

人類にとって、「細くて長い形をしたもの――線」が意味を持つものとなったのはいつ頃だろうか。「細くて長い形をしたもの――線」が意味を持つための条件は、その線によって二つの領域に分けられ、一方の領域には形が見え、もう一つの領域は背景を形成することである。人類が長い歴史の中で、線によって形が見える図の領域と、背景となる地の領域に分けた時期はいつであったのであろうか。人類がその歴史の過程で行ったことを、子供は成長の過程で繰り返すというピアジェの説から、赤ちゃんが線を描いて成長する過程を観察することによって、ヒントを得ることができるようだ。人類が辿った数十万年の進化の中で、次の三段階を経て、「細くて長い形をしたもの――線」が意味を持つものになった。

意味もなく線をかきなぐる第一段階　幼児が一歳から二歳前に、クレヨンなどを用いて線を引き、ぬたくりを始めたように、人類は、棒・石・手などを使って、砂地や土などの地面に線が引けることを偶然に発見して、線をただ描きなぐっていただろうと思われる何十万年の長い期間を持ったであろう。この時期の幼児は線そのものと真剣に向き合っているが、古代の先人たちも好奇心を膨らませて真剣に線を見つめていたと想像される。

偶然に意味ある線を見つける第二段階　幼児は自分の描いた線の中に、母親の顔やイヌの顔など自分が知っている形を偶然に発見し、線の持つ効果に初めて気づく時期に入る。人類もまた、長い第一段階の年月を経て、描きなぐった多くの線の中から、偶然にも人類がすでに認識している形、例えば、追いかけている動物の足跡や、顔の輪郭や、木立の形などに出会って、びっくりした経験を持ったと思われる。この時期になって初めて、人類は細くて長い線の中から、図と地を区別できる線を見つけたのである。

意味ある線を描き出す第三段階　幼児はさらに成長して、鉛筆やクレヨンを用いて円を描きだし、さらに、円の中に目や口が付き、顔の円の下からいきなり足が二本の線で示される「頭足人間」を描き始める。人類は、長い第二段階の時期を経て、頭の中で思い描いている物を、線などを使って表現する、意味ある線を描き出す第三段階に入っていったのである。チンパンジーなど他の動物では決してできない人間独自の道を歩み始めたのである。赤ちゃんが生まれてから数年かけて経験する過程を、人類は、何百万年かけて学習し、今からほんの数万年前になってやっと意味のある「細くて長い形をしたもの——線」を手に入れたのである。

３　人類は線を描いて進化した――抽象模様と絵画

私たちの直接の人類の祖先は、約二〇万年前に東アフリカで生まれたホモ・サピエンス（新人と呼ばれている人種）である。ホモ・サピエンスは東アフリカのエチオピア付近で草原生活を送っていたが、地球は氷河期に入り、草原は乾燥化が進み砂漠化してゆき、ホモ・サピエンスは生き延びることが困難になり新天地を目指して移動を開始した。

南アフリカに移動したグループの足跡――人類最古の抽象模様　ホモ・サピエンスの一部のグループはアフリカ大陸を南下して、約一六万年前にはインド洋の荒波が押し寄せる南アフリカの南端のヘロルド湾の海岸に達していた。そこで、海岸からとれる魚や、海岸の岩や砂浜に散在していたアムール貝などの海の幸を入手し食することで、氷河期のきびしい環境を生き延びることができた。南下したホモ・サピエンスが初めて見た大海原、波が打ち寄せる海岸で、魚などはもちろん、多くの貝との出会いも好奇心一杯で受け入れたのであろう。特に、狩猟とは違い、女性や子供でも容易に取ることができる貝などは大歓迎されたであろう。未知の物を口に入れる恐怖はあったろうが、ホモ・サピエンスの持ち合わせていた好奇心がそれを克服させたのであろう。ホモ・サピエンスの家族が、引き潮の砂浜で、小枝や石や手などで貝殻を喜々として掘り出し、籠一杯の貝を取っている様子が目に浮かぶ。さらに、想像を膨らますならば、棒や石や手で砂浜を掘っている中で、砂の上に細長い線が引かれるのを好奇心一杯で見ていたのでないだろうか。

人類最古の抽象模様が見つかった　南アフリカ出身のクリストファー・ヘンシルウッドは少年の頃から、ヘロルド湾の岸壁に多くの洞窟があるのを知っていた。彼はケンブリッジ大学で考古学を学んだ後、一九九一年から洞窟の調査を開始した。対象としたブロンボス洞窟は、這いつくばってやっと人一人が入れる程の狭い入口を持つ洞窟であったので、当初はあまり大きな期待はしていなかったが、調査が進むにつれて、世界中がびっくりするような大きな考古学的成果が得られた。ブロンボス洞窟の約七万五〇〇〇年前の地層から、多くの貝殻の他に、赤色オーカー（ベンガラ）の塊が数多く出土した。赤色オーカーは酸化鉄を主成分とする赤い顔料である。

出土したオーカーの中の二つの塊に、明らかに人が石器で刻んだ斜め格子模様が連なっている幾何学模様が見つかった。**図3-2**に示すような人類最古の抽象模様が出現したのである。オーカーの塊は石のように固いため、表面の凹凸を削り平面にするために多くの時間が

図3-2 ブロンボス洞窟で見つかった表面に線形模様にある赤色オーカ石
(写真提供 ユニフォトプレス)

必要であり、やっと出来上がった平面上に刻まれた明確な連続のパターンを持つ模様は、自然が作った産物とは到底考えられないからである。もちろん、ブロンズ洞窟の住人が、この模様で何を伝えようとしたのか、何のために刻んだのかは判明できないのであるが。

ブロンズ洞窟からは、ばらばらの四点の歯を除き、人骨は見つかっていないため、洞窟の住人がいかなる人々であったかは直接には推定できない。しかし、ブロンボス洞窟を生活圏にしていたホモ・サピエンスは、頭の中に描いていている特定の出来事や概念を、格子模様などの記号によって抽象化して表現することができた人々であったと結論づけられている。

ヨーロッパに移動したグループの足跡――陽光の芸術と闇の芸術

ホモ・サピエンスは氷河期を生き延びるために新天地を目指して移動を開始したが、ホモ・サピエンスの別のグループは、アフリカ大陸を後にして、アラビア半島を経由して、約四万年前にヨーロッパ大陸に移動していた。ヨーロッパ大陸に移ったホモ・サピエンスの人骨が、一八六八年にフランス西部のドルドーニュ地方にあるクロマニョン岩陰で発見されたので、ヨーロッパ大陸に移ったホモ・サピエンスはクロマニョン人と呼ばれている。

線刻が刻まれた木靴の岩

クロマニョン人の生活圏から不思議な岩石が見つかった。パリから南に向かって約六〇km郊外のフォンテーヌブローの森に図3-3に示すような「木靴の岩」と呼ばれる岩がある。ブロンボス洞窟と異なり、外光の当たる場所に存在する。岩の表面に線刻が刻まれている。線刻の直接年代を測ることができないが、ブロンボス洞窟の赤色オーカーから数万年後のものと考えられている。格子やジグザグや梯子のような幾何学図形と無数の点が岩に刻まれている。残念ながら、これらの線刻は何故刻まれたのか、ブロンボス洞窟の場合と同じく判明していない。しかし、これを刻んだ人がいて、その記号を観察した人がいたはずであり、これらの記号を介して情報伝達が行われていたと推察される。「木靴の岩」以外にも、同じような多くの遺跡が残されている。それらの遺跡は、外光の当たる森や

図3-3　「木靴の岩」と呼ばれる岩の表面に刻まれた線形模様
出典元：港千尋著『洞窟へ　心とイメージのアルケオロジー』
せりか書房、2001年

草原に残されている岩山や石に刻まれている場合が多い。洞窟と違って、これらの記号は多くの人々が目にしやすい場所にあり、岩石のある所を生活圏とする人々の間での何らかの情報伝達の意味を持っていたのではないだろうか。そして、「細くて長い形をしたもの――線」の組み合わせの記号は、後の世に人類の宝物となる文字の発明につながっていくのである。

人類が作った最古のアルタミラ洞窟絵画　スペイン北部カンタブリア地方にあるアルタミラ洞窟で一八七九年に大発見があった。アルタミラ洞窟はなだらかな石灰岩の丘の標高約一六〇ｍの頂上付近にあって、大西洋にも近い場所である。この地の領主であり、考古学に精通していたマルセリーノ・サウトゥオラ侯爵の五歳の娘マリアによって、天井などの岩壁に描かれた動物を中心とする壁画が、偶然に発見された。約一万三〇〇〇年前の落石によってこの洞窟の入り口が閉ざされたため、幸運にも壁画は外気から遮断され、保存に最適な状態で維持されてきたが、たまたま地面に穴が開き、この発見につながったのである。洞窟の長さは約二七〇mで、洞窟の入口から三〇m入った所にある支洞の大広間と呼ばれる場所から見つかった壁画は、野牛・シカ・ウマなどの動物が岩肌に写実的に描かれており、旧石器時代の洞窟美術の代表格であると言われている。壁画が発見された当時は、クロマニョン人の文化水準の高さが知られていない時代であったため、クロマニョン人が描いたものであるとは認められず、発表したマルセリーノ・サウトゥオラ侯爵は失意のうちに亡くなった。しかし、二〇世紀半ばに、南フランスのラスコー洞窟やスペイン北部で次々と洞窟壁画が発見され、改めて調査・研究の結果、クロマニョン人の壁画であると確認された。アルタミラ洞窟の壁画では、動物をまず、木炭やマンガン酸化物で黒色の輪郭線を描いて図と地を分けて表現し、さらに図の部分をオーカーや白陶土の顔料で着色して、動物を写実的に表現した。岩肌の凹凸を活かしながら、グラデーションによる色の濃淡で立体感を出すなど、古代の作者が頭に描いている動物の絵画を完成させている。洞窟の入口からたどり着くのも大変な、光が差し込まない暗黒の奥の方の岩壁に壁画は描かれている。何故、このような場所に描かれたのか、その謎が深まる。儀式に使われていたのではないかなど諸説があるが、結論は出ていない。しかしながら、「細くて長い形をしたもの――線」と彩色を組み合わすことで、頭の中でイメージしている物を輪郭線だけよりも具現化しやすくなり、クロマニョン人に芸術の兆しが生まれていたと考えられている。

闇夜の洞窟で作られた遺物と、陽光が当たる場所で作られた遺物を多摩美術大学の港千尋氏が詳しく調べている。洞窟の遺物を「闇の芸術」、日の当たる方を「陽光の芸術」と呼び、二種類の遺物の割合はほぼ同じであるようだ。初期の人類が長い年月をかけて「細くて長い形をしたもの――線」を情報伝達の手段にした足跡をこれらの遺物から辿ることができる。

4 初期の人類が入手した究極の情報伝達法――文字の誕生

初期の人類が情報の伝達を行うために、最後の切り札として登場した文字は、情報を統括する脳、微妙な線の違いを見分けられる目、いろいろな動きをする手を使って生まれた。古代の人々が発する言葉では、聞き取れる範囲内で情報が伝わるけれども、遠くまでは伝わらない。もっと遠くまで情報を送れないだろうか。この場にいない人に情報を伝えられないだろうか。さらに、子孫に情報を伝えられないだろうか。人類は長い年月をかけて、これらの要望を叶えるコミュニケーション手段を模索していたが、大容量の情報を、時空を超えて伝達することができる文字が、約五〇〇〇年前に遂に生まれたのである。人類のたどった約七〇〇万年の長い年月から比べると、五〇〇〇年前は余りにも短かすぎることから考えても、文字の誕生がいかに困難な出来事であり、このようにして作られた文字がいかに画期的な発明であったのか、あらためて考えさせられる。「細くて長い形をしたもの――線」を、一定の規則に基づいて組み合わせて文字が作られた。人類は、手振りを習得することで、脳の中で個々の事象を記号化して記憶し、それを組み合わせて、いろいろな言葉を作り出すことができるようになっていたが、さらに、これらの学習を土台にして、個々の事象に文字を当てはめた。大切な情報交換が時空を超えてできるツールを、人類は手に入れたのである。

表意文字と表音文字が生まれた

人類が作った文字は大きく二種類に分けられる。表意文字と表音文字である。表意文字は、一字一字が特定の意味を表す文字で対象となる事象に文字を当てはめていく。事象が多くなればなるほど、対応する文字の数は増えてくるため、表意文字の数は多くなる特徴がある。一方、表音文字は、一つ一つの音声に対応して、その発音を表す文字である。人間の発する声は、母音と子音に分けられる。母音は、端的に言って、声帯と口の開け方だけで出している音である。子音は、舌、歯、唇、顎などを使って出す音である。母音の「a、i、u、e、o」は、言葉をしゃべることができない赤ちゃんでも「アー」「ウー」「アウ、アウ」など、無理なく自然に出せる音であり、最初から出せる音という意味で、母音と呼ばれる。表音文字では、母音と子音に対応する文字が作られている。発音の種類は限定されるため、対応する文字もそれほど多くならない。そのため、表音文字の数は少ないのが特徴である。

◆最古の文字——楔《くさび》形文字とヒエログリフ

メソポタミア文明が生んだ楔形文字　歴史上はじめての文字が生まれたのは、アラビア半島のメソポタミア地域である。この地域を通るチグリス・ユーフラテス川の流域にある肥沃な地帯は、最も早く農耕・牧畜文明が成立した地域で、人々が集まり、社会を形成し、紀元前六〇〇〇年から紀元前一〇〇〇年にかけて、北部はアッカド人、南部はシュメール人の都市国家が生まれた。両大河の河畔には、粘土だけでなく葦が豊富に生えていた。

この地域の最初の文字は、紀元前四〇〇〇年頃のウルフ市街の大神殿跡から発見された「ウルフ書板」に書かれていた穀物の量や家畜の数など帳簿をつけるための単純な絵文字であった。粘土板に葦の茎の先をペンのように尖らせて絵文字を記録していた。紀元前二九〇〇年頃、シュメール人によって、それまで曲線を用いていた絵文字から進化して、葦の茎の先を三角や釘の形に切り落とし、粘土板に押し付けて、直線と三角形で構成される楔形文字が作られた。絵文字は物の形と直接対応しているが、長い年月をかけて、物の形と直接対応しない記号へと発展し、抽象的で汎用性のある約六〇〇種類の楔形文字に集約された。紀元前二〇〇〇年頃にはアッカド人がメソポタミア全土を支配し、さらにバビロン王朝とアッシリア王朝と引き継がれる間にも、楔形文字が使用され続けた。絵文字から抽象的な記号へ変化することで表意文字が作られた。絵文字から次第に抽象化され楔形文字に至る過程の一例を**図3-4**に示す。A図の左端は牛の頭の形を単純化した絵文字「牛」、B図の左端は性器の形で「女性」を意味し、左から右へ行くに従い、抽象化して楔形文字の「牛」「女」が生まれた。さらに加えて、もう一つ重要な変化、話し言葉の音を文字で表すという変化が起こる。楔形文字の一部は表音文字へ移行することで、あらゆる分野の事柄を書き表せるようになった。数千年前、三つの線からなる三角形と、一定の長さの直線を組み合わせるだけで多くの文字を作って情報交換を行い、多くの人々がスムースに社会生活を送れることを可能にした

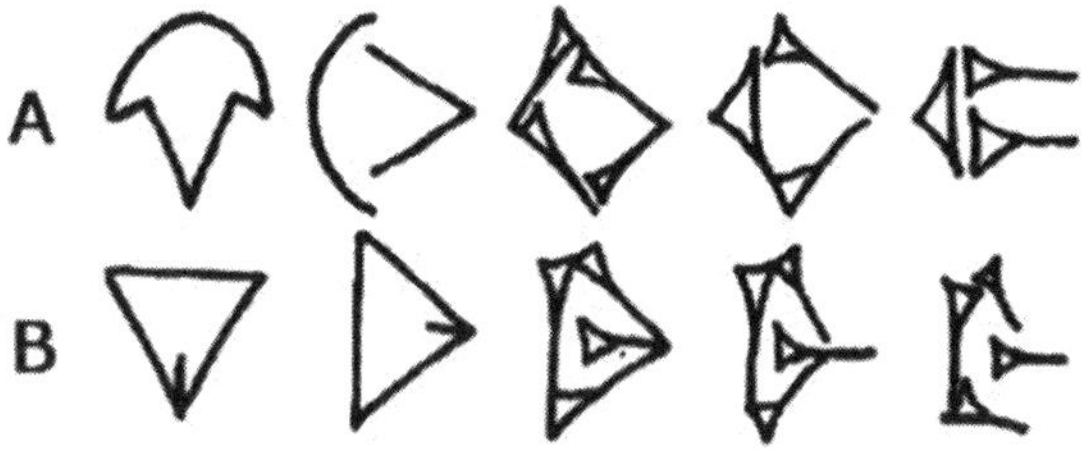

図3-4　絵文字から楔形文字に変遷する過程の一例　A：牛　B：女性
出典元：ジョルジュ・ジャン著、矢島文雄訳「文字の歴史」18ページ、創元社、1990年

人類の叡智には脱帽である。

エジプト文明が生んだヒエログリフ　紀元前三〇〇〇年頃、エジプトのナイル河流域から、ヒエログリフ（聖刻文字）と呼ばれる文字が生まれた。ヒエログリフという言葉は、ギリシャ語の「神聖」を意味する「ヒエロス」と、「刻む」を意味する「グリュペイン」に由来する。抽象的な楔形文字と違って、人の顔や姿・動物・花などが見事に様式化されている魅力的な文字である。ヒエログリフは、事物を表す絵文字や、図形・音だけしか表さない表音文字、意味を限定するための文字から構成されている。ヒエログリフの一例として、**図3-5**に示すように女王「クレオパトラ」のヒエログリフ文字と対応

ヒエログリフ

ローマ字

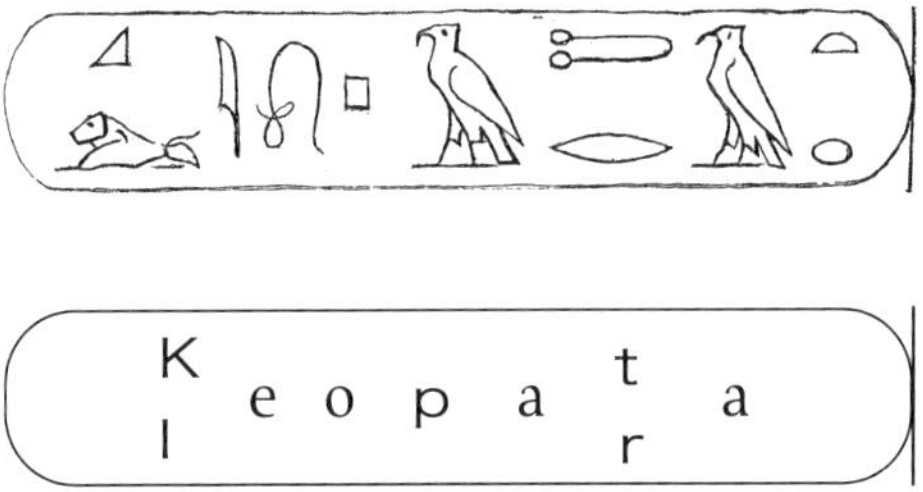

図 3-5　ヒエログリフの一例：「クレオパトラ」
（上図：ヒエログリフ（写真提供 ユニフォトプレス）
下図：対応するローマ字）

するローマ字を示す。国王などの高貴な人の記号は、ヒエログリフ文字をぐるっと囲んでいる実線である。ヒエログリフ文字の最後の二字は女性を表す記号である。ヒエログリフ文字と対応するローマ字を下図に示す。絵文字の入ったヒエログリフ文字を見ていると楽しくなる。ヒエログリフ文字を使って、法律から祈りや伝説などあらゆる分野の事柄が書き残されている。しかし、日常生活では、ヒエログリフを書きやすく崩した神官文字と民衆文字が用いられていた。

パピルス紙の誕生　ナイルのデルタ地帯や上流の湿地帯には、パピルスが豊富に生えていた。パピルスは古代エジプト人にとって大切な材料で、縄やサンダル、小舟の帆などに使われていたが、パピルスが紙の材料としても用いられ、エジプト人の社会を支えた。パピルスの茎を薄く削いで、それを縦横交互に重ねて、重しをかけてから乾かす。こうして出来た平板を二〇枚ほどつなぎ合わせると、数ｍの長さの巻紙ができる。筆記用具は、二〇㎝ぐらいの葦の茎で作られた。パピルス紙は、粘土板に比べて、軽くて記述できる面積も大きいため、重要な記録を残すために用いられた。

メソポタミアでもエジプトでも、楔形文字やヒエログリフの種類は何百にもなり、文字の読み書きは簡単な作業ではなかった。そこで、文字を読み書きできる能力は高く評価され、文字の読み書きを職業にする書記の地位は高く民衆から尊敬されていた。

◆世界中で使われる表音文字――アルファベットの誕生

アラビア半島の地中海沿岸に沿ってレバノン山脈がそびえているが、地中海沿岸とレバノン山脈に沿う狭長な地域に、紀元前一五〇〇年頃から紀元前七〇〇年頃にかけて、フェニキア人の都市国家が栄えた。レバノン山脈の山麓はレバノンスギの森で広く覆われていた。レバノンスギの材質は大変硬く腐りにくいため、船材やマストに使われ、荒天にも耐える頑丈な商船が作られた。さらに、香柏と呼ばれる素晴らしい香りを放つレバノンスギは、古代の神殿の内装材として珍重された。フェニキア人は、この貴重な樹木を伐採して富を蓄えた。一方、レバノンの地は、北東にメソポタミア、南西にエジプトと隣接しているため、活発な交流を通じて、フェニキア人は楔形文字とヒエログリフを学び、さらに抽象化し、表音文字だけからなるフェニキア文字を作りだした。

フェニキア文字の誕生　フェニキア文字は二十二文字の子音から構成されている。読むときは、単語の形から母音を補って読んでいた。何百に及ぶ楔形文字やヒエログリフに比べて、基本的に二十数語の文字さえ覚えれば、すべてを書き表すことができるのだから、読み書きが書記だけのものでなく、知の大衆化に大いに貢献したと考えられる。その結果、フェニキア人はこの文字を使って、商業上のコミュニケーションを一層容易にしたのである。イタリアのサルデーニャ島に、アルファベットの祖と言うべき二十二文字の子音が刻まれたフェニキア文字の刻石が遺存している。

フェニキア文字からアルファベットの完成へ　フェニキアは地中海の最も東の端に位置していた。フェニキア人はレバノンスギの頑丈な商船に乗り、西に向かって地中海に乗り出した。最初に、近くのエーゲ海の西にあるギリシャの都市国家と海上貿易を行い、交流を広げた。ここで、フェニキア文字は、何百年かけて進化をとげた。ギリシャ人は、子音だけで構成されるフェニキア文字に母音を加え、字の形も書きやすいように改良したのである。さらに数百年を経て、アドリア海を挟んで離接していたイタリアに伝わり、二十六文字からなる現在のアルファベットが完成した。イタリアでは、都市国家ローマが発展をとげ、イタリアを統一し、さらにヨーロッパに広がりローマ帝国を打ち立てると、アルファベットもヨーロッパ全体に広まっていき、世界的な文字となったのである。ちなみに、「アルファベット」とは、ギリシャ文字の最初の二文字「アルファ・ベータ」に由来している。

◆もう一つの最古の文字――漢字

もう一つの最古の文字が、ユーラシア大陸の東端に位置する黄河流域に現れた。表意文字の代表選手と言われている漢字である。楔形文字やヒエログリフの場合と同じく、漢字のスタートも絵文字で、そこから変形していった。黄河流域の安陽市にある殷王朝の紀元前一五〇〇年頃の遺跡から大量の甲骨文字が発見された。殷の時代には、神の神託によって政治が行われており、占いに亀の甲羅や牛の肩甲骨などを使用した。甲羅に神託の記録として書かれた文字が甲骨文字であった。牛の肩甲骨に刻まれた甲骨文字の一例を**図3-6**に示す。

メソポタミア文明の楔形文字やエジプト文明のヒエログリフなどは、現在ではすでに使わ

図 3-6　牛の肩甲骨の形がよくわかる甲骨文字（写真提供 ユニフォトプレス）

れておらず、死字になっているが、約三五〇〇年前の殷王朝の時代に生まれた漢字は、現在でも使われており、使用されている年月が、最も長きにわたる文字と言える。さらに、長き歴史の中で作られてきた漢字は、優に五万字を超えている。どれをとっても驚くべき数字である。

表意文字と表音文字の特性を併せ持つ漢字

漢字は、字そのものに意味がある表意文字であると多くの人が認識しているが、漢字は音を表現する表音文字の性格も併せ持っている。両方の特性を漢字の中に込めたが故に、漢字が言葉を記録する媒体として長く使われてきたのである。

一世紀頃、中国の後漢の時代、中国最古の字書「説文解字」が、許慎によって編集された。対象とした漢字は九三〇〇字余りである。その字書の序文には、漢字の成り立ちは、象形・指事・会意・形声・仮借・転注の六つから構成されると解き明かし、漢字が、表意文字と表音文字の両者の特性を持つことを明確にしたのである。次に、許慎が示した象形・指事・会意・形声・仮借・転注がどういうものか説明しよう。

象形文字　目に見えるものの形を線で描いた絵をもとに作られた漢字である。「日」「山」などの自然物、「馬」「木」などの動植物、「人」「目」などの人体、「皿」「門」などの道具や建造物が当てはまる。

指事文字　形として表しにくい事柄を、点や線などを使って作られた漢字である。象形文字に点や線を加えて作られた指事文字もある。「一」「二」「三」「上」「下」などが当てはまる。「本」は木の根元に一を加えて「もと」という意味を表す。「末」は木の上の方に一を加えて「すえ」という意味を表す。

会意文字　象形文字や指事文字などを二つ以上組み合わせ、元の漢字とは別の意味を表す文字となった漢字である。「岩」は「山」と「石」を合わせて、「いわ」という意味を表す。「森」は「木」を三つ合わせて、木がたくさんある「もり」の意味を表す。

形声文字　発音を表す漢字と、意味を表す漢字が組み合わさってできた漢字である。漢字の八〇％以上は、形声文字で一番多い。「晴」は「日」と「青」を組み合わせた文字。発音を表す部分は「青（セイ）」である。「問」は「門」と「口」を組み合わせた文字。発音を表す部分は「門（モン）」である。

仮借文字　仮借は、かり（仮）にかりる（借）という意味である。漢字自体の意味とは無関係に、発音だけを借りて表す方法によって作られた漢字である。「拾」はひろうという意味の字であるが、数字の十（じゅう）と同じ発音なので、数字として「拾円」などと使う。

転注文字　字の本来の意味が転じて作られた漢字である。「楽」は音楽の曲の意味だった。そこから、曲を聞いていると楽しい、楽（らく）という意味でも使われるようになった。

漢字は、絵文字を簡略化した象形文字からスタートし、抽象的な事象を表現する指示文字が加わり、さらに二つの文字を組み合わせて、会意文字と形声文字が生まれ、表意文字としての骨格が完成した。しかし漢字を、言葉を記録する媒体として完成するためには、表音文字の機能が加わらないといけない。その要求を満たすために仮借文字が作られた。「仮借」とは、ほかの文字によってその言葉を表すこと、わかりやすくいえば「当て字」の手法である。本来、表意的である漢字を、表音的に使用するようになった時に初めて言葉の体系を文字に写すことができたのである。

◆日本語は世界にも珍しい言語

私たちの日本語は、世にも珍しい言語と言われている。日本語は、漢字、平仮名・片仮名が混在する世界的にも特異な言語だからである。三種類の文字を使う例は、世界を見渡しても他には存在しない。紀元前一世紀頃から、一つの言語が中国から日本に少しずつ流入してきたようである。その頃、日本は小国に分かれており、日本列島は倭と呼ばれる地域であり、文字は使われていなかった。そして、一世紀頃の倭には、中国王朝に従属する小国が増えてきて、それらの小国の上層部の人々は中国王朝との関係を持続させるために、漢文を公用語として使う必要があり、上層部の間に漢字が行き渡ってきた。しかし、下層部の人々は、いまだ無文字の生活語（古代倭語という）を話していた。六世紀の終わりから飛鳥・奈良時代に入ると、漢字を中国音で読まないで、日本人が日頃使っている古代倭語に置き換えて理解したいと思うようになった。

仮名は漢字から生まれた　日本人が当時話していた古代倭語を文字で表現する工夫が進められ、漢字から最初に万葉仮名そして平仮名と片仮名が生まれた。

万葉仮名　七世紀後半から八世紀後半にかけて、天皇はじめ一般の農民や防人まで幅広い階

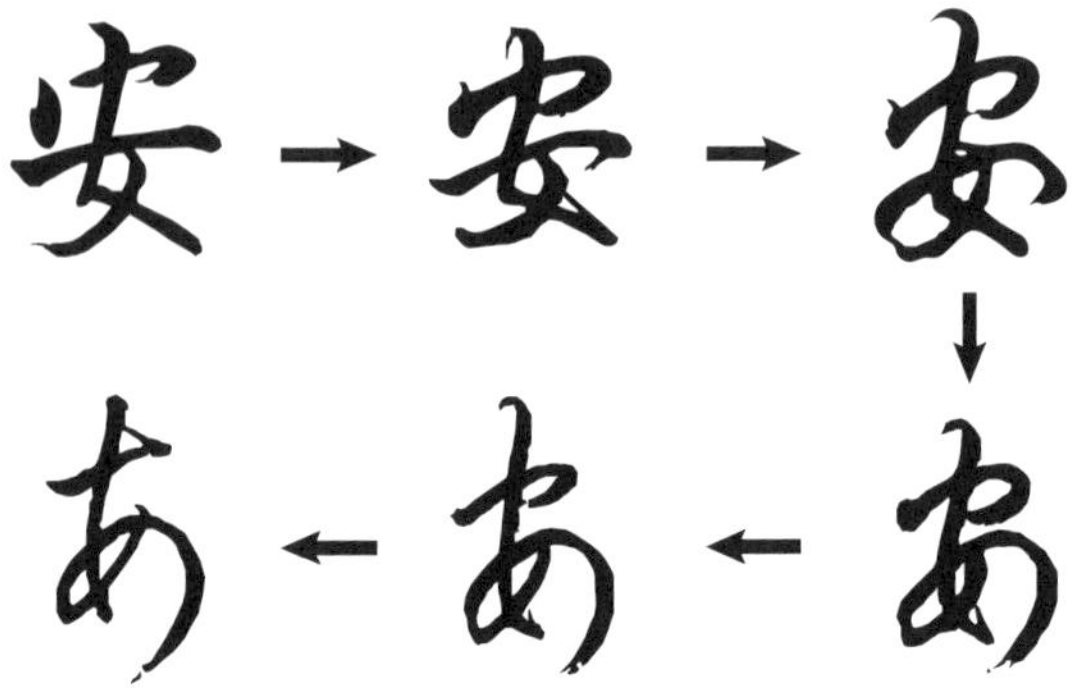

図3-7　漢字「安」から平仮名「あ」が生まれた経緯

層によって古代倭語で読まれた多くの和歌、約四五〇〇首の歌があった。それらを編集して、全二〇巻からなる膨大な万葉集と呼ばれる我が国最古の歌集が生まれた。歌は、無文字の古代倭語を漢字の形のまま発音として用いて記録された。万葉集に非常に多く用いられているため、万葉仮名と呼ばれる。一例をあげると、古代倭語の「はな、くも」は、万葉仮名では「波奈、君母」とそれぞれ表し、漢字の「花、雲」と対比させたのである。

平仮名　古代倭語の発音を文字で表現する万葉仮名は漢字を用いたが、漢字を崩して、日本人の感性に合う新しい文字が作られた。一〇世紀初頭、平仮名が生まれたのである。一例として、

図3-7に漢字「安」から平仮名「あ」が生まれた経緯を示す。楷書体から崩していき、漢字の特徴を残しつつ、日本人の感性を加味して、平仮名が作られていったのである。

片仮名 公用語として使われていた漢文を、中国音でなく、古代倭語で読みやすくするために、補助記号の機能を持つ文字として、漢字の一部を借用して片仮名が作られた。片仮名の一例として、漢字の「礼」の右側の部分から、片仮名の「レ」が生まれた。

5 書の世界――「細くて長い形」をした線の芸術

書は、漢字・平仮名の文字を紙面に書くことによって表現される造形芸術である。書は中国と日本で発達した独特の芸術で、漢字・平仮名を構成する線の持つ造形的な要素と密接な関係がある。書は、一般に毛筆・墨・紙を使って書かれる。毛筆を墨液につけると、毛筆の先端の毛にそって、毛細現象によって墨液が上がり、毛筆に墨液を貯めることができる。毛筆は先端が毛でできているので、柔らかく弾力がある。そのため線に強弱の変化が付けられるし、どの程度、筆を下ろすかによって書く線の太さを変えることができる。例えば、筆を垂直に立て、線を引くと、穂先が線の真ん中を通り、力強く重厚な線が引ける（これを直筆という）。筆を手前に傾け線を引くと、穂の腹側の部分を使うので、穂先が中心より外側を通り、鋭く軽やかな線が引ける（これを側筆という）。毛筆文字は筆先が柔らかいだけに、筆の動きや力加減によって筆者の想いを紙面に伝え、さらに墨線と墨線がつながっていない所もつながっているように見える筆脈も表現できる。

机上に、何も描かれていない紙面があるとしよう。紙面にはいろいろな線を描くことができるが、私たちの感覚では、紙面を横切る方向に引く水平な線から受ける反応と、紙面の奥から手前に引く垂直な線から受ける反応には大きな隔たりがあるようだ。同じ一本の線であるが、別々の想像を掻き立てられる。特に垂直な線から大地の重力を感じるようである。書道研究家の石川九楊氏は言う。「紙面は、ただの白い紙に過ぎないが、文字を書こうとする瞬間に、紙面に天地が生まれ、紙面の上から下へ、重力が働きはじめる。紙はもはや、ただの紙ではない」と。書は造形的要素が満載の芸術である。

◆漢字の字体は中国で時代とともに変化していった

甲骨文字　甲骨文字は絵文字から進化した象形文字であった。紀元前一五〇〇年頃、殷王朝の行動決定は燃え木で熱を与えて生じた甲羅のヒビの状態で判断する占いで行っていた。後日、王が占いのお告げが実現された段階で甲骨に文字が刻まれた。現在、四五〇〇余りの種類の甲骨文字が発見されているが、半数ちかくが解読され、後世の私たちが殷王朝の史実を垣間見ることができる。文字の持つ時空をこえた力を改めて認識される。

篆書《てんしょ》　殷王朝とその後の周王朝さらに群雄割拠の時代を経て、紀元前二二一年に秦国がこの争乱の戦国時代を統一し始皇帝が誕生して、文字・度量衡・貨幣を全国統一する政策を遂行した。秦帝国で使われた文字は、篆書と呼ばれる文字である。篆書の大きな特徴としては、字形が左右対称と縦長であり、縦の長い線が目立つ独特な書体である。皇帝の権威を示すために、天地を表現する垂直志向を表す文字が作られたのである。現在でも、印鑑などによく使われる書体で、日本国旅券の表紙に記されている「日本国旅券」もこの書体で書かれており、私たちになじみのある書体である。

隷書《れいしょ》　秦帝国では、中央集権を支える官僚間で大量の行政文書のやり取りが行われることになり、容易に入手できて持ち運びが簡単な木簡と竹簡、さらに、毛筆と墨がこの時代に登場した。篆書は字画数が多く縦線が長いため、書く時間が長くかかった。そこで、書くスピードを上げるために、縦長の漢字から横長の漢字に変化していった。横線は縦線よりも早く書くことができたためである。そのようにして生まれた文字が隷書である。秦帝国は、わずか二〇年で幕を閉じ、代わって前漢の帝国が成立し、前漢では隷書が使われた。隷書は、横長である上に、篆書によく使われる曲線を直線へと省略整理され、書くスピードが一段と上がった。前漢で用いられた隷書は古隷といわれる。つづく後漢の時代になると、紙が生まれ、筆が動きやすくなり、横長の古隷の書体に、左右の払いで波打つような運筆が加わった。この特徴を持つ隷書を八分《はっぷん》という。現在でも新聞の題字や紙幣に使われている。

草書　前漢で用いられた隷書の字体を、さらに省略したり簡略化したりして早書きできる草書が作られた。草書は、紙の上で毛筆の自然の動きから生まれる、やや右上がりの書体である。草書は、感情や気分を表現するのに適している書体と考えられて、書道芸術の媒体としても重要な書体と位置付けられている。

行書　後漢から三国・晋の時代にかけて、草書と隷書の長所をとって行書が生まれた。行書は、隷書を草書ほどは簡略化せずに整えて書かれた書体であるが、速記できる程度に崩して作られた。行書は、明快に判読できることから、古代中国では公務文書や祭礼用の文書に用いられた。

楷書　楷書は、後漢に続いて誕生した晋の時代に生まれ、書聖と呼ばれる王羲之らにより確立され、七世紀の唐時代に欧陽詢らによって広く流布されるようになった。草書と行書のようには簡略化しないで、字画を崩さず一点一画を正確に書き，方正な形にまとめる書体である。楷書の横線は三折法で引かれる。「トン（起筆）・スー（送筆）・トン（収筆）」という三拍子のリズムで書かれるのが特徴である。現在では、漢字の中で楷書が最も多く使われている。

図3－8に「馬」の漢字を、甲骨文字・篆書・隷書・草書・行書・楷書で表した字体の一覧を示す。同じ字をいろいろな書体で見比べると、長い年月をかけて、漢字の字体が変化していった様相が興味深い。

図 3-8 「馬」の漢字を、
甲骨文字・篆書・隷書・草書・行書・楷書で表した字体

◆日本人の感性が生んだ平仮名の字体の特長

日本で、漢字の草書を崩して平仮名が生まれた。元の漢字の特徴を残しつつ簡素化し、曲線部を多く取り入れた崩し方に日本人の感性がうかがえる。崩し方は、縦書きしやすいように、回転状になって次の字に結びつきやすくなっている。平仮名を用いると、柔らかく細やかなスピード感のある書き方が可能となり、日本人は、自分たちの感性を表現しやすい字体を手に入れたのである。平安時代は、中国の文化とは異なる日本独自の文化が花開いた時代であるが、平仮名は、和歌や日記文学の発展に大いに貢献した。当時の中国と日本は、先進国と後進国の関係にあり、漢字は男手、平仮名は女手と呼ばれた。一〇世紀前半に、日記文学の先駆けとなっ

図 3-9　解析対象にした漢字（楷書）と
平仮名の一部（いろはにほへと）

た土佐日記が生まれた。紀貫之が土佐国司の任期を終えて、土佐から京へ帰る旅路を平仮名で綴った日記である。日記の冒頭は、有名な「男もすなる日記といふものを、女もしてみむとてするなり」（現代文訳「漢字で書く日記というものを、平仮名で書いてみよう」）の一節で始まるのはよく知られている。

平仮名の定量的評価　私は、書の字体の感性評価の研究に従事してきた。私たちのグループは、「ん」以外の四七文字の平仮名と、それぞれの平仮名を生み出した元の四七文字の漢字（楷書）を定量的に比較解析して、平仮名と漢字の特徴を明確にする研究を行った。一例として**図３-９**に今回の解析に用いた漢字（楷書）と対応す

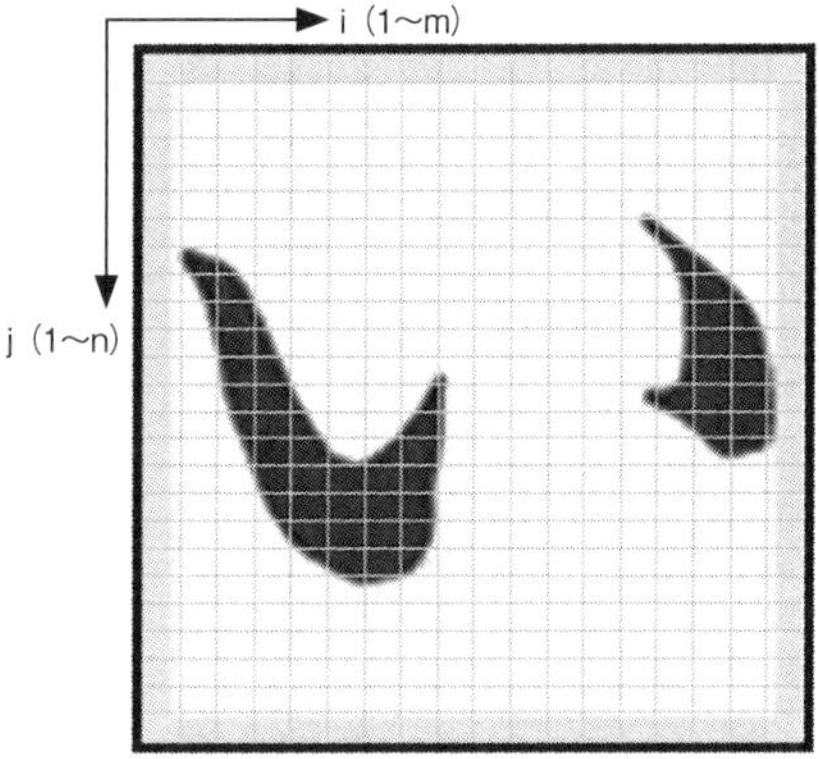

図3-10　字体（い）、囲む四角形と
要素分割の一例

る平仮名の一部（いろはにほへと）の字体を示す。**図3-10**に示すように字体を囲む四角形を細分化して、それぞれの要素に、黒色の度合いのデータを入力して、字体を数値化した。字体を数値化することで、コンピュータ処理による解析が可能となる。数値化された字体に対して、四つの指標の計算を行った。それぞれの指標は、四七文字の平仮名の数値の平均値を、対応する漢字の平均値で割り、無次元の比とすることで比較しやすくした。比率の数値が一以上の場合、その指標の特徴が平仮名の方が大きいことを意味する。四つの指標とは、①**平均字体幅比**、字体のすべての幅を測定し比率で表した。②**墨面積比**、字体の墨面積を求め比率で表した。③**安定度比**、字体を含む四角形の中心の周りの回転

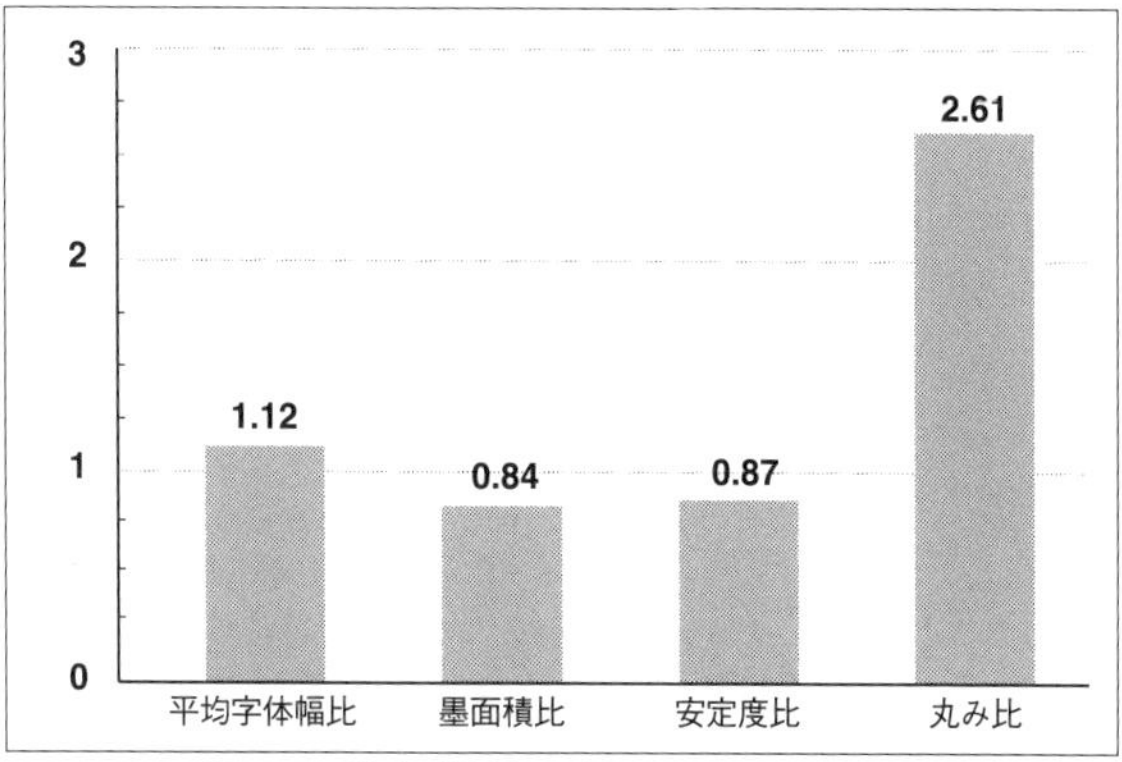

図 3-11　漢字（楷書）と対応する平仮名の比較、
4 つの指標（平均字体幅比、墨面積比、安定度比、丸み比）の解析結果

のしやすさ（回転モーメントの計算）を測定し、比率で表した。**④丸み度**、字体の丸みの程度を定量化し比率で表した。

解析結果　解析結果を**図３‐11**に棒グラフで示す。今回の字体（楷書と平仮名）の比較実験において、平均字体幅比のデータから、漢字よりもむしろ平仮名の方が字体幅の大きい字体を測定対象としていたことがわかる。注意しなければならないことは、平仮名の方が漢字よりも、いつも墨の幅の平均値が大きいということを意味している訳ではないことである。今回の比較実験において、平仮名の方が漢字よりも字体幅の大きい字体を測定対象としていたにもかかわらず、墨面積比のデータでは、平仮名の方が小さくなっている。これは平仮名の字体が簡略さ

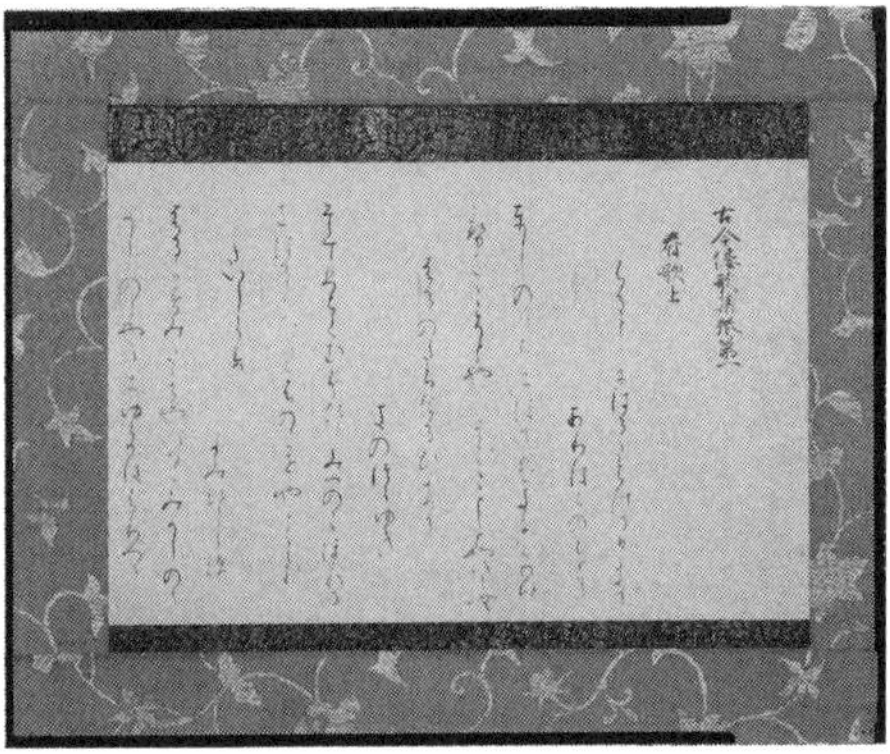

図 3-12　高野切第 1 巻巻頭（五島美術館蔵）——紙面の余白も美しい
〈撮影：名鏡勝朗〉

れて作られ余白部が大きくなったことを意味している。次に、安定度比のデータからは、平仮名の安定度比が小さくなっていて、平仮名の流動感が増していることがわかる。さらに、丸み度比のデータでは、平仮名の方が二倍以上大きくなっている。実際には、字体幅比が漢字よりも平仮名の方が小さい字体が多い傾向にある。そのような字体では、墨面積比はさらに小さくなるが、安定度比や丸み度比は同じ傾向を有する。これらのデータを総合して得られることは、平仮名で書くことで、字体以外の余白が大きくなり、字体に丸みが増し柔らかな繊細感が強くなり、流動感が大きく表現できるようになったことが定量的に判明したのである。日本人は漢字では得られない特性を有する表現媒体を手に入れたのである。

◆平仮名作品――余白の効用がすごい

和歌など平仮名作品を紙面に毛筆を使って書く時、平仮名が占める以外の余白の部分も、作品を構成するのに大いに貢献している。一例として、**図３‐12**に平安時代に創られた平仮名作品「高野切《こうやぎれ》」を示す。高野切は、『古今和歌集』の現存する最古の写本の通称である。各行の初めの位置が斜めにずれているのが見られる。斜めにずれていくことで、作品全体に流れが生まれる効果が生じる。一方、漢詩の作品では各行の初めの位置が一定であり、余白を積極的に考慮していない。日本の毛筆の作品では、紙面すべてが作品であり、余白の部分からも、作者の意図が伝わるように作られている。平仮名自体の持つ繊細さ・流動性からくる美しさに加え、余白を利用した書全体から受ける流動感は人々を感動させる。当時の先進国である中国の漢字作品では見られない作風である。平仮名は、日本人の繊細な感性を見事に表現することができ、日本独自の書の世界が開化したのである。

Ⅱ　聴覚によって感じる「細くて長い形」の文化

私たちの周りには音が満ち満ちている。私たちは多くの人々と会話する。だみ声や鈴を転がすような声など、私たちの声にもいろいろな表情がある。コンサートでは、聞きなれた特徴ある楽器の音や多くの楽器がまとまったオーケストラの圧倒的な音に感動する。散歩やハイキングへ出かけると、いろいろな音が飛び込んでくる。風の音や小川のせせらぎや小鳥のさえずりなどを聞きながら歩き続けると気持ちが癒される。音の世界は奥深く、私たちと密接に繋がっていることを実感できる。本節では、最初に音の正体を見極め、「細くて長い形をしたもの」から発する音を通して作られた「感じる文化」を調べていこう。

1　人間は耳と皮膚から音を受け入れている

人類は霊長類から枝分かれして数百万年の間、アフリカの熱帯雨林で樹上生活を送っていた。熱帯雨林においては常に、鳥のさえずりや獣の吠える声、風が吹き木々のゆれる音、葉のざわめき、木々に水の滴る音などで充満している。そのような環境の中で、外敵から身を守るために、森が発するいろいろな音をキャッチできる耳や皮膚の聴覚能力の発達をうながしたのである。初期の人類は、類人猿と同じく全身を体毛で覆われ、外界の情報をキャッチする感覚器は目、耳、鼻、舌に集約されていたが、人類はおよそ百数十万年前に体毛を喪失させ皮膚を露出する道を選択した。センサー機能を持つ皮膚が外界の危険のシグナルを素早くキャッチする能力をアップさせたのである。

音は基音と倍音でできている

人間は、空気が粗になったり密になったり圧力の変化が身体に伝わったとき、それを音として知覚する。圧力の変化が振動となり、それが周期を持った場合に、音の高さとして知覚される。その周期的振動の単位時間あたりの数を周波数という。単位はヘルツで、一秒当たりの周波数で表される。振動の周波数が大きいほど、高い音として知覚され、空気の圧力が大きい程、大きい音として知覚される。一般的に、音は、一つの音として聞こえる場合でも、複数の音が重なっている。さまざまの音が幾重にも混ざり合い、音の表情である音色は作られる。音に含まれる成分の中で、周波数の最も小さい音を基音、その他の周波数の大きい音を倍音という。倍音は整数次倍音と非整数次倍音に分けられる。

整数次倍音と非整数次倍音の音の特徴

整数次倍音は基音周波数の整数倍の周波数を持つ音であり、非整数次倍音は基音周波数の整数倍以外の倍率の周波数を持つ音である。基音だけの音は、音叉から出る音をイメージすればよい。ここに整数次倍音を加えていくと、艶のある音になる。基音に非整数次倍音の音を加えていくと、風のような音になる。基音に倍音が加わることによって、音の世界が劇的に変化することを、尺八奏者の中村明一氏は平易に説明しているが、その一部を紹介しよう。

私たちは整数次倍音の音を聞くと、荘厳な雰囲気を感じ取り、神々しさ、宗教性を感じる傾向にある。高次の整数次倍音を多く含む声で歌ったり話したりしている人に対しても、人間を超えたカリスマ性を感じる傾向にある。一方、非整数次倍音の音を聞くと、自然を思い起こさせたり、情緒性や親密性を感じたりする。自然の音は主として非整数次倍音でできている。森の中の散策の中で聞く風の音や小川のせせらぎなどがこの部類の音であり、私たちは癒される。非整数次倍音の音は、自然を私たちの生活や身体の中に取り込める役目を果たしているのである。

森の中で充満している音が、いかなる周波数の音で構成されているのか、世界に存在する熱帯雨林で調べた音響研究者の大橋力氏のデータがあるが、ここではパナマの熱帯雨林の環

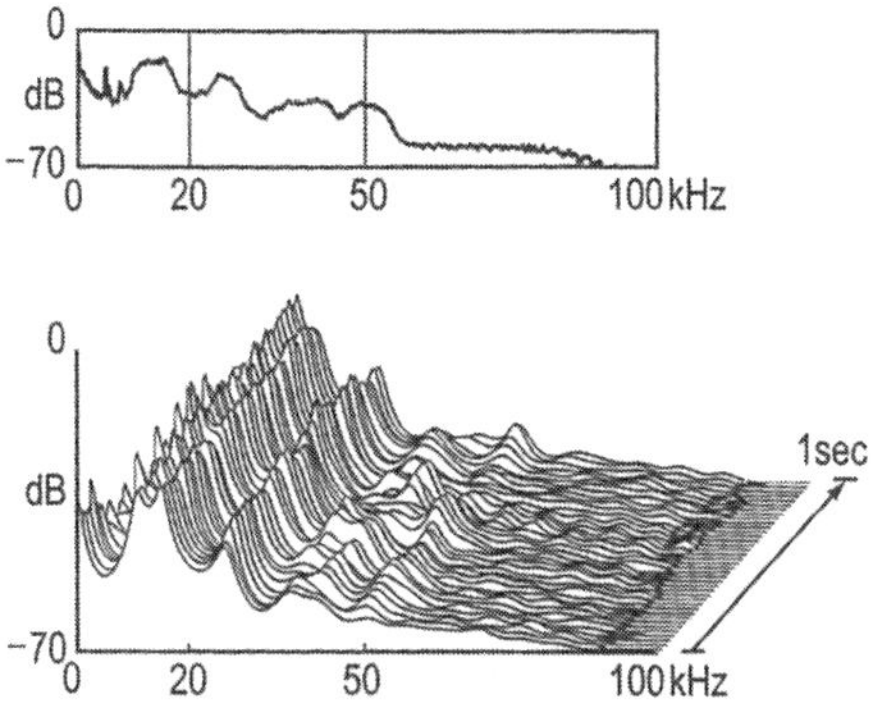

図3-13 パナマ熱帯雨林周波数解析—広範囲の周波数の音で満たされている
出典元：大橋力著『音と文明』66ページ、岩波書店、2003年

境音の周波数の分布図を図3-13に示す。熱帯雨林の環境音の特徴は、低周波数から一〇〇kヘルツを超える範囲まで広く分布しており、いろいろな倍音が集合している。まさに音のデパートのようである。

人間の聴覚能力　人間の聴覚は、顔の左右の耳によって行われる。音は空気の振動によって伝わり、その振動は耳の鼓膜を震わせ、鼓膜と繋がっている三半規管によって増幅されて、脳で音として再現している。しかし、耳を通して聴くことのできる人間の可聴範囲は二〇kヘルツまでであり、聴覚の最も鋭敏な周波数の帯域は三〜四kヘルツ周辺である。しかし、人間の話す声は、男性で一〇〇〜一五〇ヘルツ、女性で二〇〇〜三〇〇〇ヘルツ、高音を出すソプラノ歌手でも一・三ｋヘルツが上限であり、聴覚の最も鋭敏な周波数帯とずれている。これは太古の人々の聴覚が、倍音に満ち満ちた世界の音を聞くために発達したことを意味しており、それが現代人に受け継がれているのである。先ほどの熱帯雨林の周波数のデータからわかるように、森の環境音は、耳で聞く可聴範囲の音もあるが、可聴範囲より高周波の範囲の音も満ち溢れている。森に住んでいた古代の人々は、この高周波帯域のいろいろな音を見逃していたのだろうか。そうではないことが大橋力氏によって明らかにされた。この高周波帯域の音は、人間の皮膚から脳に伝わっていくことがわかった。古代の人々は、裸体に近い姿で生活していたため、耳はもちろん、全身の皮膚で音波を受け止め、危険から身を守っていたのである。さらに、可聴域の音と可聴域外の高周波成分（二〇ｋヘルツ以上の音）を、耳と皮膚から同時に受けいれ脳に伝わると、脳の中でアルファ波などが増加して、ストレスが減少して、気分が良くなり、リラックスできることもわかってきた。これをハイパーソニック・エフェクトという。私たちは森の中で癒されることを実感しているが、森の環境音がそれを演出していたのである。

　楽聖ベートーベンは、二十代から耳の障害が進み、作曲に苦労したエピソードは有名である。ベートーベンは、ピアノで作曲する時には短い棒を用意して、棒の一方を口にくわえて、もう一方をピアノに押し付け、棒に伝わった音の振動を骨を介して脳に伝えて作曲していたそうである。耳以外でも音の振動を脳に伝えることのできる事例の一つである。

2　「細くて長い形」をした中空管が音を発した

幾十万年前、人類は進化を遂げ、火を味方につけた。焚火は、古代の人々に、外敵の排除と暖かさや、さらに家族の団らんと美味しい食物を提供する優れものであった。そのために、古代の人々は、火を大切にした。焚火の火が燃え尽きて消えてしまわないように、口をすぼめて空気を強く吹き込むと、火が再び勢いよく燃え上がることを経験で知っていたにちがいない。焚火の周りに、中身の骨髄を食して空洞になった骨が転がっていた。中空の骨の片端に唇を当て、息を吹き込むと、中空骨の他端から、空気を効率よく焚火に送りこむことができることも学んだのではないだろうか。火吹き竹の代用品が古代にもあったようだ。その時、偶然に中空管から音が出る経験をしたのではないだろうか。これからが、私の想像である。多くの中空骨の中に、獣の牙で側面に穴の開いた中空骨があり、穴の開いた中空骨に空気を吹き込むと、その中空骨から今までと違った音が出てびっくりした場面があったのではないだろうか。さらに、偶然に穴を指でふさいで空気を吹き込むと、音の高さの異なる音がでることも経験したのではないだろうか。このようにして、細くて長い形をした管楽器の原型が生まれていったのではないだろうかと私は想像している。

ドイツ南西部シェルクリンゲンにあるホーレ・フェルス洞窟の約三万五〇〇〇年前の遺跡から、ハゲワシの翼の中空骨に、石器で五つの穴を開けた遺物が、一二個の破片となって見つかった。この遺物は音を出すために作られたものではないかと考えられており、世界最古の楽器と見られている。

◆西洋では特色ある音色を出す管楽器が次々と生まれた

楽器は人類が作り上げた素晴らしい道具の一つである。地球上には多くの民族が存在するが、いかなる民族にも、音を奏でる楽器は存在する。楽器は普遍的なものである。人々が集まり楽器を奏でることで、ある時は高揚感、ある時はやすらぎ感など、さまざまな感情を私たちに蘇らせてくれる。私たちの生活になくてはならない道具である。楽器は、弦の振動によって音を生み出す弦楽器と、膜の振動によって音を生み出す打楽器と、管の中の空気振動によって音を生み出す管楽器に大別される。ここでは「細くて長い形」をした中空管から発展した管楽器を取り上げよう。

整数次倍音の音を出す管楽器　中空管に空気を吹き込み、音を出すとき、音波の基音の周波数は、中空管の長さに反比例して決まっていく。すなわち、中空管の長さが長くなるにつれて、基音の周波数は小さくなり、基音が低い音になっていく。西洋では、①中空管に吹き込む空気を、いかに効率よく安定的に供給できるか。②中空管の見かけの長さをいかに変えるか。この二つを主たる改良点として、多くの管楽器が次々と作られてきた。

金管楽器と木管楽器　第一の管楽器の進化では、二つの大きな潮流が生まれた。中空管に向かって空気を安定的に吹き込む方法に関して、奏者が唇を震わせて振動した空気を送り込む方式の金管楽器と、奏者が空気を振動させないで吹き込む方式の木管楽器に分かれて進化を遂げていった。金管楽器には、トランペット・トロンボーン・ホルン・チューバなどがある。木管楽器には、フルート・クラリネット・オーボエ・サクソフォンなどがある。

中空管の見かけの長さの工夫　第二の管楽器の進化では、中空管の長さが、音の高さを決定する原理に基づき、より低い基音を求めて、いろいろな中空管の楽器が生まれた。例えば、長さ六・八ｍもある大変長い直線状のアルプホルンが作られている。しかし、この楽器は一端を地面に付けないと演奏できない。オーケストラで演奏できる観点から、長い管を真っすぐにしないで、ぐるぐる巻いてコンパクトにしたフレンチホルンなどが作られた。

いろいろな音の高さを求めて、中空管そのものにも工夫が加えられた。中空管にいくつかの音孔を付ける。音孔を指などで開閉すると、中空管の実効長さが変わり、共振する周波数が変化し、音の高さが変わる。または、中空管にいくつかのバルブを付ける。バルブの開閉によって、中空管を通る空気の流れがバイパスに流れたり、元の流れにもどったりして、中空管の実効長さが変わり、発生する音の高さが変わる。このような工夫を中空管に施すことにより、音高が半音ごとに変化し、いろいろな音階の音を正確に演奏できる管楽器が作られてきた。

西洋の管楽器では、中空管の空気の流れをきっちり制御し、音の高さが正確になるような工夫を加えることで、基音および低次の整数次倍音の音を主として出せるようになったのである。その結果、私たちに馴染みのある、特徴ある音色を出す管楽器が次々と作られていった。さらに、西洋では、それぞれ特色ある音色を出す管楽器群と弦楽器群と打楽器群が集合して、素敵なハーモニーを醸し出すオーケストラが発展していったのである。

◆日本人の感性は自然の音を出す管楽器を生み出した

日本人の音に対する感性は西欧人と異なるようである。西欧人と日本人では、脳の右脳と左脳の働きが違うことが知られている。音楽・言語・自然の音響について見てみると、西欧人の左脳は言語のみを扱うが、日本人の左脳は、言語・音楽・自然の音響など扱う範囲が広い。これら三つを結びつけているのは、これらが非整数次倍音で表現される要素を持っていることである。

日本人の音に対する感性は特異であり、自然の音を捉えるのに敏感である。日本人は、鈴虫の鳴き声を言語に近いものとして捉え、鈴虫の声にあわれを感じる。自然の音で思い浮かぶ芭蕉の有名な俳句がある。

古池や　蛙とびこむ　水の音

自然にある音に、人の感情が見事に覆いかぶさっている。短歌や俳句のように、言葉と感情が融合した文学の形式が日本に生まれたのも、左脳の方で言語と自然の音響を扱える背景があったのではないだろうか。このような日本人に受け入れられる管楽器は、西洋の管楽器とは異なる発展の仕方をしてきた。整数次倍音はもちろん、非整数次倍音も大切にするシンプルな構造ではあるが、世界に類を見ない管楽器である尺八を作り出した。

尺八は六～七世紀頃に中国から渡ってきた。唐の普化禅師を開祖とする禅宗の一宗派である普化宗が平安時代に発展して、普化宗の僧は虚無僧と呼ばれた。普化宗では、尺八を吹くことは、座禅を組んだり読経したりするのと同じ価値を持っていたため、虚無僧には、尺八を吹き全国行脚し修行することを認められた。江戸時代に日本独特の尺八に進化し、尺八は広く行き渡った。現在に伝わっている尺八の古典曲は、この時代に作られたものが多い。

尺八——整数次倍音と非整数次倍音を大切にする楽器

尺八は真竹から作られる。真竹の繊維は硬くて丈夫である。硬い材質はエネルギーの吸収が少ないので、高い倍音を出すのに向いている。尺八の言葉からわかるように、尺八の長さは一尺八寸（約五四・五㎝）が標準の竹管である。尺八は、**図3-14**に示すように竹管の途中にある節をくり抜き、前面に四つ、背面に一つの穴をあけ、息を吹き込むところを斜めに切り落として作られる。尺八は、両端が開口した極めてシンプルな管楽器である。空気を安定的に送る工夫もしていないこのシンプルな楽器が、世界に類を見ない優れた性能を持っていることを、尺八奏者の中村明一氏が解き明かしている。尺八の特徴として、①息を吹き込む歌口が大きく、管内体積が大きい。②指孔の数が少なく、個々の指孔が大きい。この二つの特徴を持つ尺八では、吹き口を歌口に近づけて、息を吹き付けて音を鳴らすが、唇の加減、

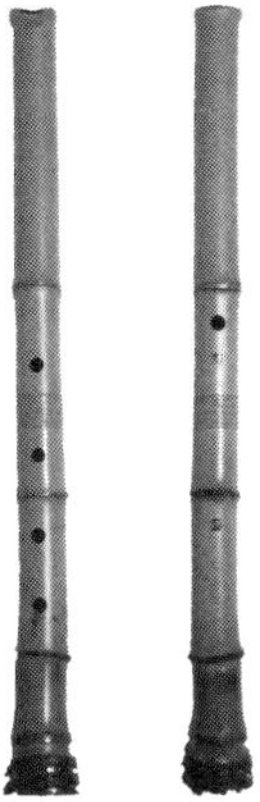

図 3-14 尺八の前面（左）と背面（右）

指の加減、息の速さと量で、整数次倍音と非整数次倍音の量を自由に変化させることができる。世界中に多くある管楽器と比べても、尺八ほど倍音の豊かな音を出す管楽器はなくて、しかもその音を奏者自身がコントロールできる楽器である。基音のみの音から、広帯域に倍音が広がる白色雑音（ホワイトノイズ）までを奏者が自由に出せる素晴らしい楽器である。それは逆の見方からすると、きわめて演奏がむつかしい管楽器であるといえる。尺八の奏でる音は、自然の風のような音に聞こえる時がある。尺八が奏でる音域は、人間の聴覚では把握できない領域を含んでいる。この領域の音は、人間の皮膚から感知しているのであろうか。

3 「細くて長い形」をした中空管の音響性、まさに恐るべし

人類は、すべての民族が持っている楽器を使って情報を伝えることを行っている。楽器を使う場合、情報を抽象化、記号化しないで交換するので、大量の情報量を瞬時にして送ることができる。ひとつの音楽・音響を聴いた時に、一人ひとりの脳に、ある種の感情が生まれ、その音響を共有することで、自他の境界が消失して連帯感が生まれる。この非言語性のコミュニケーションでは、無意識の領域に関わっている部分が大きい傾向にあると考えられる。そこでは、自己の真実が伝達される。音楽の演奏において、「嘘がつけない」「人間そのものが出てしまう」などよく言われる。さらに、人間の無意識の深層には、個人の経験を超えた、民族や人類の心に普遍的に存在する「集合的無意識」の部分で共鳴する場合も起こる。例えば、小さなライブハウスであっても、ひとたび音楽が奏でられると、そこに大海原のうねり、緑ゆたかな森のざわめき、恐怖、喜びといった、私たちの身体に組み込まれた遠い記憶が、個性と融合して蘇ってくる。演奏によって、まったく異次元の世界に連れていかれる気がするのは、このような背景があるからだろう。

オーケストラでは、特色ある基音および低次の整数次倍音の音を出す西洋の楽器を集めて

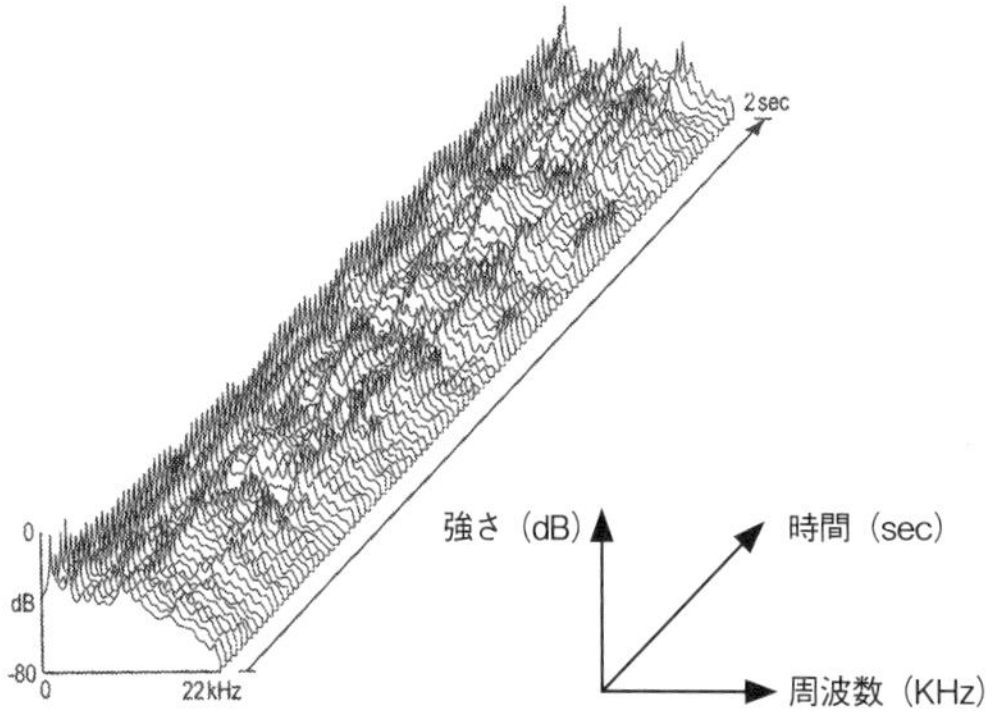

図 3-15 尺八の周波数解析の一例――周波数の異なる音が重なっている
出典元：図 3-13 と同様

同時に演奏するため、オーケストラ全体では、個々の楽器の奏でる音が交じり合い、高次の整数次倍音および非整数次倍音を含んだ豊かな音響が生まれる。大橋力氏は二〇種類の楽器が集まったオーケストラ演奏の音の周波数解析を行い、低周波数から二二ｋヘルツの周波数の範囲で、万遍なく音が出ていることを報告している。さらに東洋の楽器である尺八の周波数解析の一例が**図３‐15**に示されている。オーケストラの場合と同じように、低周波数から高周波数の範囲に至るまで万遍なく音が出ている上に、波形の突起部分が不規則に並んでいるのが特徴である。尺八一本でこれほど多彩な音がでるのは驚きである上に、波形の突起部分が不規則であることから、非整数次倍音が多く出ていることがわかる。この図形は、熱帯雨林の周波数分布と類似している。尺八が世界に類を見ない特徴ある管楽器であることを大橋力氏と中村明一氏は報告している。たった一本の細くて長い形をした五つ孔の中空管から音が発せられると、演奏会場の観客を、一瞬にして異次元の世界に導く音楽の力に、あらためて脱帽する。「細くて長い形」をした中空管の音響性、まさに恐るべし、である。

◆この章の終わりに

この章は情報の使者である光と音が主役であった。同じ主役でも、光と音の性質が異なっていると感じることがある。それは、光と音を受け取る人間の視覚と聴覚の違いによって起るものである。人間は、目を閉じると光を遮断することができる。見る方向を変えると、見える対象物が変わってくる。人間の意思で光の情報を制御できる。一方、音の場合、人間の意思で耳を閉じて音を遮断することはできない。人間の意識によって音の情報を制御することはむつかしい。すなわち、意識の及ばない状態で、音の情報は入ってくるのである。視覚の場合、情報が意識下で制御されやすいが、聴覚の場合、情報が意識下で制御しにくい。言い換えれば、音は、無意識の領域にアプローチできる貴重な手段であるといえる。光と音の世界は、似て非なることがわかる。

私たちの先人たちは何百万年もの年月をかけて、視覚を通して「細くて長い形――線」とともに進化していき、最後に「細くて長い形――線」を組み合わせて、文字を創作するに至った。一方、初期の人類は草原の生活に移行する以前、森の中で樹上生活を送っていた。森の環境音は、耳で聞ける可聴範囲から高周波の範囲までの音で満ち溢れている。人類はこの広帯域の音を耳と全身の皮膚で受け止めていた。先人たちは、この広帯域の周波数の音を「細くて長い形――中空管」一本で奏でることを可能にした。

これらの進化の背景には、「細くて長い形」は人間のアイデンティティーそのものであるため、違和感なく「細くて長い形――線」「細くて長い形――中空管」を受け入れることができ、人間の叡智を傾けて素晴らしい文化にまで築き上げていったと考えられる。

第4章 「道」――「細くて長い形」を歩く文化

人間が直立二足歩行することによって体形が一直線になった。その結果、両足を使った持続可能な歩行システムを身につけ、遠くまで歩くことができるようになった。さらに、身体の天辺に重いものを載せても、その力を身体全体で支えることができるため、人類は、大きくて重い脳が入った頭を身体の天辺に載せることができるようになった。その結果、人間にしかできない高度な思考が可能となった。想像する能力を授かった。

◆道を歩く

本章で取り上げる「細くて長い形」は、どこまでも続く道である。一本の道でも、平坦な道、上り道、下り道、真っすぐな道、曲がり角のある道など、道の表情はいろいろである。

東山魁夷の道 最初に、東山魁夷画伯の有名な作品「道」に登場してもらおう。東山魁夷画伯の出世作となった日本画「道」である。この絵は、前方へとまっすぐに伸びる細長い一本道それのみを描いた作品である。縦長の画面のほぼ中央に、ややピンク色がかったグレーの道があり、左右の草むらや丘は青緑色、空は狭く青味がかったグレーでまとめられている。遠くの丘の上の空が少し明るくて遠くの道がやや右上がりに画面の外へ消えている絵を見ていると､まっすぐな道がこれから歩もうとする道のように感じられる。東山魁夷画伯は「道」を制作するにあたり、次のように述べている。「道は、歩いて来た方を振り返ってみる時と、これから進んで行こうとする方向に立ち向かう場合がある。私はこれから歩いて行く方向の道を描きたいと思った。ゆるやかな登り坂に向かった時、私たちには、これから、そこを歩いて行くという感じが起こる」と。単純化された道の画面から、これから辿る人生の行き先に希望に満ちた未来や、人生がいつまでも続いていくような安堵感を見出すことがあるようである。

アンの道 私たちは空間軸から時間軸への変換ができる想像の翼を持っている。「道」の絵は、前方へとまっすぐに伸びる細長い一本道それのみを描いた作品であるが、画面の奥の方に、右に曲がる道がうっすらと描かれている。この絵を見ていると、ルーシー・M・モンゴ

メリーの有名な小説「赤毛のアン」の一節を思い出す。若きアンが、大切な育て親のマリラに向かって言うセリフ、

「クィーン学院を出た時は、私の未来は、まっすぐな一本道のように目の前にのびていたの。人生の節目節目となるような出来事も、道に沿って一里塚のように見わたせたわ。でも、今、その道は、曲がり角に来たのよ。曲がったむこうに、何があるか分からないけど、きっとすばらしい世界があるって信じているわ。それにマリラ、曲がり角というのも、心が惹かれるわ。曲がった先に、道はどう続いていくのかしらって思うもの」。

カナダのプリンスエドワード島に住むアンは、想像の翼を広げることが得意で、空間軸と人生の時間軸の間を自由自在に行き来できる女性である。プリンスエドワード島の赤土の道がアンの想像の翼を羽ばたかせるのだ。

山頭火の道　一方で、心を打つ種田山頭火の俳句を紹介しよう。山頭火は四二歳から亡くなるまでの一五年間、山口県小郡に庵を結ぶ一方、出家し放浪の托鉢生活を送った漂泊の詩人で、多くの時間をひたすら道を歩くのに費やした。山頭火は定型に縛られない自由律俳句を得意としたが、私の大好きな俳句がある。

まっすぐな道で　さみしい

まっすぐな道は遠くまで見通せるので、山頭火は自分の置かれている孤独な環境がずーっと続いていくような想いを抱き、この句が生まれたと想像される。

いろいろな表情を持つ道は、どのような運命が待っているのかわからない人生と対比しやすい存在である。現在でも、長く続く一本の道を歩く人々は多い。世界中に広く行き渡っている巡礼の道もその一つである。道の本来の目的である人や物の輸送を超えて、歩くこと自体が目的で、ひたすら歩き続けると、気分は高揚し癒される上に、心の浄化や安寧が得られる。さらに、自分を見つめる時間や自分の来し方を振り返る時間をも与えてくれる。多くの人々は道を歩きながら、これらの時間を持ちたいと考え、世界のいろいろな所に「巡礼の道」が生まれていった。道は、人々にとって無くてはならないものであり、「細くて長い形」の代表選手の一つである。道は奥が深いのだ。さあ、いろいろな顔を持つ「細くて長〜い形」をした道に入って歩くぞ。レッツゴー。

I　スムースな歩行をする人類は世界に広がった

最初に、道の成り立ちを考えてみよう。道の歴史は非常に長い。霊長類から枝分かれして直立二足歩行した人類が、狩や水場に行くために踏み固めた所が、人類の最初の道になったと思われる。幸いにして、人類が直立して二足歩行をしていた事実が約三五〇万年前までさかのぼる事ができる考古学的証拠が見つかっている。

最古の親子三人の足跡　1章で登場したルーシーより少し以前の出来事である。一九七六年、アフリカのタンザニア北部のラエトリ地方にある河床が干上がった平らな土地で、考古学者メアリー・リーキー率いる一隊は砂ほこりの火山灰が積もってできた堆積岩の表面に、象やキリンやサイやその他の足跡を多く見つけた。固まる途中の粘土のような火山灰の上を歩いた動物の足跡が残り、それが乾いていくうちにセメントのように固まっていき、今日まで足跡が残されていたのである。火山の堆積物の放射性年代測定から三四〇〜三八〇万年前の地層であることが判明した。

メアリー・リーキーらは、いろいろな足跡の調査をする中で私たちの祖先らしい三人の

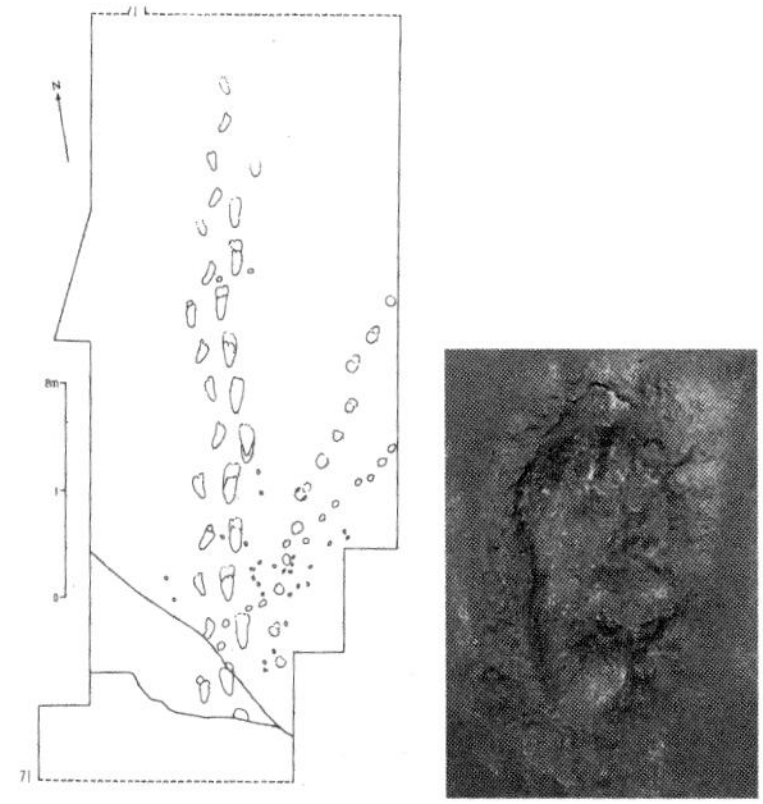

図4-1　350万年前の人類の足跡、拡大された一つの足跡
（右：写真提供 ユニフォトプレス）

足跡を発見した。二人の大人と一人の子供のグループが歩いている足跡が見つかった。図4-1に堆積岩の地面に残された三人の足跡の輪郭図を示す。先頭は小さな足跡（一七・三cm）、中央のものはかなり大きな足跡（二六・四cm）で、その後ろから少し小さい足跡（二一・二cm）の人が歩いてきて、前を行く人の足跡と重なったために足跡が二重になっている。右側の足跡は四足動物のものである。くっきりと地面にきざみ込まれているこれらの足跡から、おおよそ三五〇万年前にタンザニア北部において、三人家族が、遠くの火山が噴火しているのを眺めながら、ゆったりとした自然歩行している風景が浮かんでくる。人類は、少なくとも三五〇万年間の長きにわたって、頭・背骨・腰・足を一直

線にした姿勢で、地球の大地を闊歩していたわけである。

人類は独特な足の進化をした

犬や猫などの四足動物は、足のつま先の部分だけを地面につけて歩行している。しかし、ゴリラやチンパンジーなどの類人猿は、地上を歩くときには背中を斜めにし、二本の手の甲を地面につけて歩く。いわゆるナックル歩行を行う。ここでナックルとは指の関節を意味する。二本の足でナックル歩行する場合、足のつま先を含むくるぶしから下の部分を地面につけて歩行する。二足で安定した姿勢を取るためには、くるぶしから下の部分を使うことが必要となる。四足動物の猫でも、大きくジャンプする時は後ろ足を使って行うが、後ろ足のくるぶしから下の部分を地面につけて、その反動を利用して飛んでいる。これからも、二足動物ではくるぶしから下の部分を使う必然性がわかるだろう。

チンパンジーなどの霊長類の動物の後ろの二足は、歩行するために使用されると同時に、樹上の移動を容易にするために、木を掴む運動を行っている。ところが、人間の場合、後ろの二足は歩行のみに使用されるように進化した。その結果、親指がずんぐりとなり、親指の位置が足の内側に移動し、他の四本の指が短くなった。そして、足裏の三点、親指と小指の付け根そしてかかとの三点を靭帯と筋肉で支え、土踏まずのアーチを作ることで、歩行が安定し、衝撃を吸収できるようになった。一方、チンパンジーの場合、親指が他の4本の指と大きく離れており、大地を歩行するよりも樹木を掴むのに適している。第2章の**図2-1**に非常によく似ているのは、チンパンジーの足が人間の手と足の形を示しているが、チンパンジーの足が、手と同じ機能を合わせ持っていたことを証明している。

移動がスムースにできる人類の歩行の特徴

人類は、長い年月をかけて、安定して効率よく歩行することができるように進化していった。足の進化と共に、身体全体にも四つの変化が生じた。①大腿骨の形がまっすぐに変化し、②骨盤が短く横に開いた形になり、③背骨が胴体の下部で内側に曲がり、首の方に向かうにつれて外側に曲がるS字型に湾曲するように変化した。その結果、④頭の位置が、背骨のラインの真上に位置するようになった。この四つの変化によって、人類の体形は、頭・背骨・腰・足が並ぶ直立した姿勢になった。この姿勢で二足歩行すると、上下動が少なくエネルギー効率がよい移動が可能になった。人類が森の生活を離れ、木立の少ない草原を長時間移動するためには、この効率のよい安定した歩行が不可欠であったのである。

ここで、何故、人間が効率よい歩行ができるのかを考えてみよう。直立二足歩行は、振り

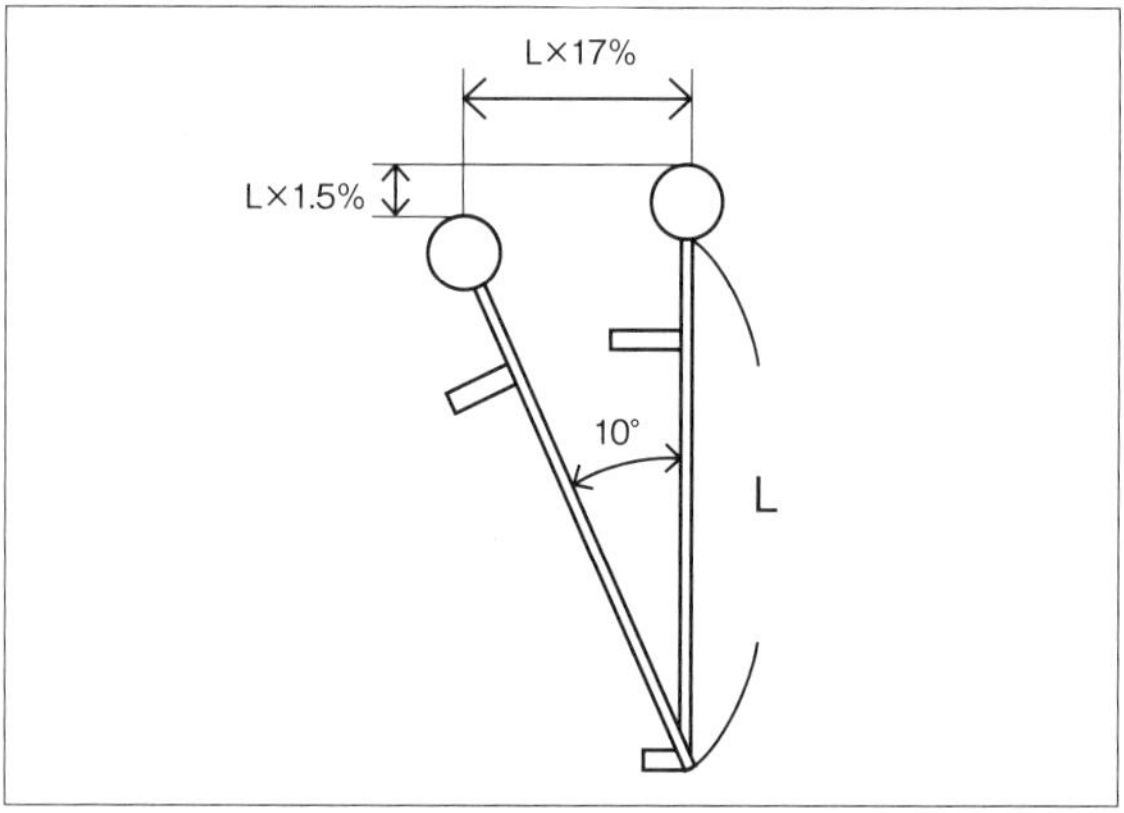

図 4-2　効率のよい安定した二足歩行

子の原理を応用している。図4-2に示すように人間の身体を足を支点にしてまっすぐな棒が立ち、先端に振り子が付いている倒立振り子であるとイメージするとわかりやすい。この倒立振り子をまっすぐに立て、手を離すと、振り子はゆっくり前に倒れる。倒れるにしたがい、重心の位置が移動する。例えば、接地点を中心にして一〇度だけ前に倒れたとすると、振子は棒の長さの一七％前方に移動するが、下の方向には元の高さから一・五％しか下がらない。前進距離に比べ、上下移動距離が少なく、滑らかに身体の移動が可能になることが理解できるだろう。人間の左足と右足は、安定した支点を持つ二つの倒立振り子に置き換えられる。右足の振子と左足の振子が交互に倒立を繰り返して、移動がスムースに進行する手段を人類は手に入れたのである。

人類は世界に広がって行った

国土交通省が毎年行っている「道路ふれあい月間」で入選した令和元年度標語が興味深い。小学生の部の最優秀賞作品は『この道は　世界につづく　ゆめとびら』、中学生の部の最優秀賞作品は『真っ白な　地図に描こう　マイロード』、であった。標語からは、若者が未知の世界に向かって、突き進む気概がひしひしと伝わってくる。想像するに、太古の人類も新天地に旅立つ前夜、これと同じような気概を持っていたのではないだろうか。その情熱が何百万年にわたり、綿々と子孫に受け継がれていったのである。

直立二足歩行することで、効率よく安定して歩くことができるようになり、長距離の移動が可能になった人類は、アフリカ大陸の東部で生活様式を森林の生活から草原を主とする生活に転換させた。そして、アフリカ東部を基点として、植物が豊富な渓谷沿いに、アフリカの北方や南方に向かって広がっていった。移動先で生活の基盤を作り、そこで幾世代を経て、さらに先に移動を続けた。多くの世代を重ねて、人類は幾千㎞もの距離を移動していったのである。人類は、一〇〇万年前から五〇万年前にかけて、アフリカ北部から近東を経由してアジアへ移動した。インドネシアからジャワ原人、中国の北京から北京原人とよばれる人骨化石が見つかっている。その一方で、五〇万年前にはアフリカ北部からヨーロッパにも移動も終了している。ヨーロッパのあちこちからネアンデルタール人とよばれる人骨化石が見つかっている。ドイツのライン川支流のネアンデル谷からヨーロッパ最初の人骨化石が見つかったので命名された。約二〇万年前、アフリカ東部で誕生した私たちの直接の祖先であるホモ・サピエンス（現生人類）の一部は、アフリカ大陸を南下して、約一六万年前には南アフリカの南端のヘロルド湾の海岸に達している。ホモ・サピエンスの別のグループは、アフリカ大陸を後にして、アラビア半島を経由して、約四万年前にヨーロッパ大陸に移動していった。また、氷河期のベーリング海峡を渡り、アメリカ大陸へ移動し、おおよそ一万年前には、南アメリカ大陸の最南端に人類の足跡を見ることができる。この移動のスケールの大きさは、人類の直立二足歩行システムがいかに優れていたかを、私たちに教えてくれている。この素晴らしい直立二足歩行システムをもたらした人類の「細くて長い形」そのものが、人類のアイデンティティーなのだと改めて納得させてくれる。

Ⅱ　道は人類にとって何故必要か——其の一

人類が生活している所には道は必ず存在する。人類は生活する上で移動したり、物を運ぶ必要が生じる。人や物を効率よく移動させるために道が作られた。これが、道が人類にとって何故必要かに対する第一の答えである。

1　生きるために必要な物を運ぶ道——塩の道

人間は生きるために塩は不可欠な物質であり、年間二億トン以上の多くの塩が生産されている。そのうちの約三分の二は岩塩から生産されている。残りは、海水などを濃縮して作る天日製塩法その他で作られている。岩塩は太古の時代、海であった土地が地殻変動により地中に埋まり、海水の塩分が結晶化し地層となったものであり、そこから塩を採取している。自然からの大きな贈り物である。すべての人間にとって必要な塩が、人々の傍に常にあるわけではない。塩が生産できる場所は限られている。限られた生産地から、人々が生活する所まで塩を届ける道が必要になる。そこで生まれたのが「塩の道」である。岩塩や天日製塩の生産地から塩を運ぶ道は、古代から洋の東西を問わず、数多く敷設されていた。

日本における塩の道

日本では、岩塩がほとんど取れなくて、天日塩が圧倒的に多い。江戸時代までは、海水からとる天日塩は、東北地方の三陸海岸、中部地方の三河湾、中国地方の瀬戸内海沿岸、九州地方の周防灘海岸などで主に生産されていた。それぞれの海岸から、上陸地点または内陸に向けて塩を運び、多くの塩の道が生まれた。輸送方法は、塩俵を、海岸から舟でできるだけ川の上流まで運び、そこから牛や馬の背に積み替えて、奥地の人々に届けたのである。

牛が活躍した塩の道——三陸海岸

牛は脚の力も強く、悪い道でも平気で歩いてくれるため、馬と同じく牛も塩の輸送に多く使われた。牛の背に塩俵を二俵ずつ乗せて、牛方が五〜六頭の牛を連れて塩を運んだのである。牛は道草を食べてくれるので、道端にそって生えている草を食べさせながら奥地まで塩を運んでいった。東北地方の三陸海岸では古くから製塩が行われており、採取された塩を藁で編んだ袋に入れ牛の背に乗せ、山が海に迫っている三陸海岸のきびしい山道を通って、内陸の盛岡や秋田方面まで塩を運んだ。牛の通る道は、道の両側の草が牛に食われて短くなっているため、地図のない時代に、草の状況から塩の道だと判断して、山道を進んで行ったのである。当時の「塩の道」が整備され復元されている道がある。三陸鉄道北リアス線の陸中野田駅を起点にして、北上山地を越えて雫石や盛岡近在まで塩を運んだ「のだ塩・べコの道」である。べコは牛のことである。べコと牛方のブロンズ像が、陸中野田駅に併設した道の駅の正面に設置されており、当時を偲ぶことができる。

２　道路は防壁──古代ローマ街道

すべての民族が必要に応じて道を作ってきたが、道との取り組みに民族の特徴が表れる。古代ローマ人の作った道に関しては、「すべての道はローマに通ず」という有名な言葉がただちに思い浮かぶ。テヴィレ河畔の一寒村からスタートした都市国家ローマが大帝国に発展したのには、多くの根拠があるが、その一つに「敗者の同化」策、すなわちローマは敗者の部族の体制・文化をそのままにして、ローマ人と同格の扱いをする施策を取ったのである。そして、帝国内の民族や部族が外敵から攻められると、ただちに援軍を送って守ったのである。この体制を維持するのに一番必要なことは、ローマの軍隊を迅速に派遣する道路の整備であった。ローマ民族は、道を最優先に考える民族だったのである。

古代ローマのすべての道は道路元標から始まる

ローマには何回か訪れているが、その都度、フォロ・ロマーノと呼ばれる古代ローマの遺跡に足を運ぶ。フォロ・ロマーノは七つの丘に囲まれた低地にある古代ローマの中心地であり、この場所に立つと、二〇〇〇年前の古代ローマにタイムスリップできる。フォロ・ロマーノの西端にある巨大な三連アーチの凱旋門をくぐると、凱旋門の南側に高さ三mの演壇がある。かの有名なユリウス・カエサルや多くの指導者がこの場所に立ち、集まった多くの聴衆に向かって演説をした所だ。この演壇の南西角に、昔は人間の背丈より幾分高い円形の石柱が立っていた。今は礎石だけが残っているが、これこそ古代ローマの道路の原点、道路元標なのである。古代ローマのすべての道の中心であり、すべての道は、この道路元標から延びているのである。主要なローマ街道には、一ローマ・マイルごとに円柱のマイルストーンが立っている。ローマ時代の「マイル」は「一千歩」に等しい距離で一・四八km前後になる。旅行者には、何番目のマイルストーンなのかわかれば、ローマからの距離を計算できるシステムが完備されていたのである。

古代ローマの道路建設は、約二三〇〇年前に着手され、以後約七〇〇年間にわたり続けられた。そして、古代ローマ街道網は総延長一五万kmを超え、建設した後も、道を最高の状態で維持しつづけたのである。古代ローマ街道こそが、道の持つ偉大な力、すなわち人・物を効率よく移動させる優れた能力を、世界史に初めて残したと言ってよいのではないだろうか。古代ローマ人は、長く続く道路は、長く続く防壁があるのと同じ価値があると考えていたのだ。ローマ帝国では全土に可能なかぎり平坦に、可能なかぎり直線に、河川には橋を渡し、山は削るかトンネルを掘り、幹線は舗装され、水はけも完璧な二車線のローマ街道が全土に張り巡らされた。その幹線道路を、何万もの古代ローマの軍団兵が三列縦隊で行進していった光景は圧巻であっただろうと想像できる。古代ローマの幹線道路の一部は現在でも残っていて歩くことができるが、約二三〇〇年前に作られた舗装の素晴らしさには唯々感嘆するばかりである。幹線道路は一〇m幅の道路で、四m幅の車道（対向二車線）の両側に三m幅の歩道が並んでいる。車道の両側に排水溝を設け、降った雨水などが自然に流れるように工夫されている。ローマ街道は「石は味方だが、水は敵である」をモットーに、水を通さないセメントを使わないで、石・砂利を使い、水はけを良くすることを最優先に考えて建設されている。

最盛期の古代ローマ帝国は、ライン川・ドナウ川から以西の地で、地中海を内海としたヨーロッパ・アフリカ北部の広大な領土を有していた。領土が広大になると領土の安全を保障するむつかしさは増大する。しかしながら古代ローマ帝国は、国境の全長一万㎞に及ぶ防衛線をわずか三〇万人の兵力で守っていた。そのため、国境を越えて敵の襲来があると、防衛線に沿って配置してある駐屯地に常駐している兵士が最初に襲来地点に赴き、防いでいる間に、最寄りの軍団基地から軍団兵が駆け付け敵を撃破するシステムを構築した。そのため、軍隊が一刻も早く前線に駆け付けるために、軍隊が移動する街道を整備する必要があったのである。道路がまさに防壁であったのである。古代ローマの軍団の歩兵の通常時の行軍は、一日五時間を歩き、二五㎞踏破と決められていた。それが強行軍になると、一日七時間を歩き、三〇㎞から三五㎞踏破したそうである。

ローマ街道は国内の治安や迅速な郵便配達にも貢献　国内に目を転じると、ローマ国内の警備隊が、整備された古代ローマ街道を迅速に行動して、帝国内の治安が保たれた。郵便配達も街道を利用して迅速に稼働し、情報の伝達がスムースに行われた。国内の人・物の移動が安全に効率よく行われるようになった。軍隊が使用しない時は、民間人の無料使用が許されていたので、荷車に沢山の物を積んで迅速に移動ができて、物の物流や人の交流も盛んになり、その地方の生活水準を向上させる経済効果があらわれたのである。

III　道は人類にとって何故必要か――其の二

道が人類にとって何故必要かの問いに対して、其の一の回答では、道は人や物を目的地に運ぶために必要なものであった。太古の昔から、人々は目的地に向かって歩いたのである。しかし、人々は歩いていく道中で、目的とは別のものを手に入れることも多々ある。

歩く道からのプレゼント

松尾芭蕉は四〇歳の時に、前年に死去した母の墓参を目的に、江戸から出身地の伊賀上野への旅を行い、俳諧紀行文「野ざらし紀行」を残した。その中の大津付近を旅したときに詠んだ句

山路来て　何やらゆかし　すみれ草

芭蕉は、春の山路を辿ってきて、ふと道端にひっそりと咲く菫を見つけた。その可憐さに心ひかれ、思わず詠んだのではないだろうか。俳人であるが故に、この感動を俳句にまとめることができたが、芭蕉にかぎらず、菫の可憐さに心うたれる人は多い。

人々は歩くにつれて、いろいろな景色が目に飛び込んでくる。いろいろな声や音が耳に飛

び込んでくる。歩いていると、次々現れる対象物から得るものは多くある。例えば、森の中の道を歩くと、癒されると感じる人は多い。森の中の樹木の葉や草の持つ薄い緑色・濃い緑色などが心をリラックスさせてくれる。樹木が発散する香りからも癒される。さらに、枝葉のざわめきや小鳥の鳴き声などが聞こえる森の広帯域の音群は、脳をリラックスさせるハイパーソニック・エフェクトがあることを前章で学んだ。森林浴によって、免疫の主要因子として働くナチュラルキラー（NK）細胞が活性化することが判明している。人々は道を歩くことによって道の周りからプレゼントされるものが非常に多いのだ。

歩くこと自体からのプレゼント

さらに、私たちは歩くこと自体から得られるものが大きいことも実感している。散歩やハイキングなど私たちは歩くことが好きである。歩いている途中の自分だけの大切な時間や目的地に達した時の達成感など、わくわくさせてくれるものが一杯である。長く続く道をひたすら歩く最たるものが巡礼の道である。世界には多くの巡礼の道がある。例えば、スペイン北西部に展開する全長八〇〇㎞のカミーノ・デ・サンティアゴは有名なキリスト教の巡礼の道である。日本では、四国遍路と熊野古道が有名な巡礼道である。巡礼の道の終着地には、目指す寺院や神社などがある。カミーノ・デ・サンティアゴの巡礼道では、終着地に十二使徒の一人である聖ヤコブの聖遺物を祭ったサンティアゴ大聖堂がある。多くの人々が終着地を目指して巡礼の道をひたすら歩く。ひたすら歩き続ける。巡礼においては、終着地に到着することを第一義の目的としているが、それ以外に巡礼者は道を歩き続けることから得られるものが大きいことも体感している。

人間は、道を通って「歩く」運動をする。「歩く」運動から得られるものが多い。一方、人間は歩く「道」からも得られるものが多くあるのを知っている。それ故、人間は「道」をひたすら歩く。これが、道が人類にとって何故必要かに対する第二の答えである。

1　スムースな歩行を可能にする骨格と筋肉のメカニズム

私たちの祖先であるホモ・サピエンスは、東アフリカを起点にして、長い年月をかけて地球の隅々まで歩いて広がっていった。人類は、直立二足歩行することで、この偉業を成し遂げたのである。人類は、振り子の原理を応用した直立二足歩行によってスムースに移動する。振り子運動の主役は、足の骨格とその周りの筋肉である。人間が歩く事ができるのは、**図4-3**に示すように足の骨格と周りの骨格筋と呼ばれる一対の筋肉が、神経を通じて脳の指示によって運動するからである。足にはふとももを支える大腿骨とふくらはぎを支える脛骨が

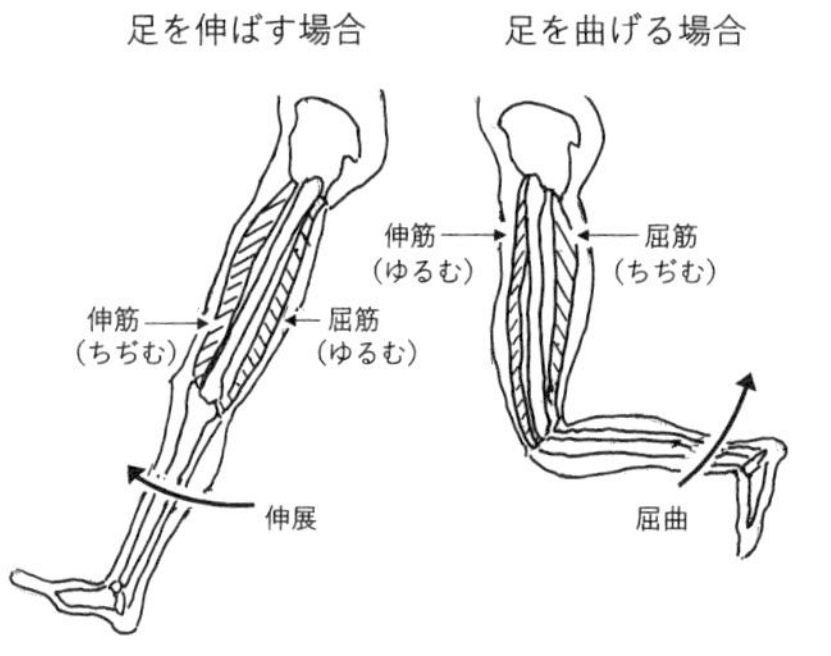

図 4-3　足の筋肉——ワンセットになっている伸筋と屈筋

膝関節を介してつながっている。膝関節を中心として、大腿骨と脛骨がお互いに回転して、足を曲げたり、一直線に伸ばしたりしている。この動きができるのは、同図の模式図に示すように、一方が大腿骨、他方が脛骨に付いている一対の骨格筋が働くためである。一対の骨格筋は伸筋と屈筋から成り、脚を曲げる筋肉（屈筋）が内側に、足を伸ばす筋肉（伸筋）が外側についている。内側の屈筋が収縮する時は、外側の伸筋は弛緩し、足は膝関節を支点にして曲がる。次に、外側の伸筋が収縮する時は、内側の屈筋は弛緩し、足は膝関節を挟んで一直線になる。この筋肉の連動した動きにより、足を曲げたりと伸ばしたりを繰り返す。さらに、右足と左足は、屈曲と伸展を互い違いに繰り返すことで、足首を支点として足の振り子運動を起こし、前に進むことができる。

歩行を可能にする筋肉の収縮・弛緩メカニズム

次に、歩行を可能にする骨格筋の筋肉が収縮・弛緩するメカニズムを詳しく調べてみよう。筋肉はただ一つの運動を繰り返す。筋肉は、エネルギーが供給されると縮まり、エネルギーの供給が無くなると、元の状態に戻る。この収縮・弛緩の動きを持続すると歩行運動が続けられる。エネルギーを供給するために二通りの方法が用いられる。

白色の筋肉（白筋）がエネルギーを作る

酸素の助けを借りずに、筋肉の細胞にあるグリコーゲンを分解して筋肉を収縮するエネルギーを再生する方法である。この反応を行う筋肉は白く見えることから白筋と呼ばれる。この反応を無酸素性（アネロビック）反応という。反応が早いので、瞬発力にすぐれているが、二〇～四〇秒ぐらいの短時間で使ってしまう。一〇〇ｍを全力疾走する時に、呼吸を止めて走る時に主として使われるものである。

赤色の筋肉（赤筋）がエネルギーを作る

酸素の助けを借りてエネルギーを作る方法もある。呼吸することによって酸素を血液に取り入れ、血液中のヘモグロビンが酸素を骨格筋まで運搬し、筋肉の細胞の中のミトコンドリアの中で、酵素の助けを借りて、糖分と脂肪が酸素と反応して分解され、エネルギーが作られる。この反応を行う筋肉を、赤く見えることから赤筋と呼ばれる。この反応を有酸素性（エアロビック）反応という。糖分と脂肪と酸素の供給が続くかぎり、エネルギーが供給される。赤筋における反応は遅く、大きな力は出せないが、何回も収縮活動を繰り返すことができ、疲労しにくい筋肉である。マラソンなどの長距離走種目の選手たちの足の筋肉に赤筋が多く見られる。ただし、歩行に貢献する筋肉では、放出するエネルギーのうちの約二五％だけが収縮に使われ、残りの七五％は熱となり、体温を保つのに使われている。運動がはげしくなると、熱の発生が飛躍的に高まる。そこで、体温を下げるために、発汗などによって熱放出が活発となる。

歩行を続けると疲労が蓄積するメカニズム

歩行を続けていると疲労が蓄積して歩行が困難になる経験を私たちは持っているが、このメカニズムを考えよう。普通に歩いている時は、赤筋を使って、呼吸によって供給される酸素を用いて収縮エネルギーを生みつづけ歩行を続けることができる。歩行の速度が上がってくると、赤筋から作られるエネルギーはもちろん、白筋から作り出すエネルギーも使って運動が行われる。この時、白筋の反応からエネルギーと同時に乳酸が作られる。乳酸は静脈の血液に溶け出し分解され、生まれる水素イオンが血液を酸性にする。これが疲労の原因となる。そこで、血液の酸性度がひどくならないように、肺や心臓の働きを活発にして、酸素を血液に送り込み、血液の酸性が中和されるように働く。一方、血液中で分解された乳酸は肝臓に送られ、グリコーゲンに変わり、歩行に必要なエネルギー作りに貢献する。

バテた状態のメカニズム 歩行速度がさらに上がってくると、赤筋はもちろん、白筋から作り出すエネルギーの放出を活発に行い、歩行運動を懸命に続ける。その間に乳酸が沢山作られ、血液の酸性度が上がる。それを抑えるために、肺や心臓の働きを最大限にして、酸素を精一杯取り込み、対応しようとする。しかし、血液の酸性度を下げられない限界がくる。息切れが起こり、俗にいうバテた状態になる。しかし、たとえ息切れが起こっても、歩行速度を下げたり休息したりすると、供給される酸素は、血液の酸性度を下げるのに使われ、疲労が取れることになるのだ。

歩行には脳が大切な仕事をしている 歩行は、一対の骨格筋の収縮・弛緩の組み合わせ作業を連続的に繰り返すことで行われる。一方の筋肉が縮む時は、一対の他方の筋肉は弛緩しなければならない。

大脳の運動野から収縮・弛緩指令 骨格筋には神経が通っており、大脳の運動野から、電気信号が神経を通って収縮・弛緩の指示を出している。歩行を続けるには、骨格筋に新鮮な酸素を含んだ血液を送り続けると同時に、大脳の運動野にも血液を送り、指示を出すエネルギーを供給し続けなければならない。道が上り坂になったり、デコボコ道になったりすると、大脳の運動野からの指示が忙しく複雑になり、運動野で使用するエネルギーは増し、新鮮な酸素を含んだ血液を沢山必要とする。一方、平坦な平地にある道を自然歩行する時、大脳の運動野からの指示は規則的になり、運動野に供給するエネルギーはそれほど必要としない。

視床下部から体温維持指令

脳の下部にある視床下部も、歩行に欠かせない仕事をしている。人間は体温をほぼ三六〜三七度に保たないと、うまく機能しなくなる恒常性生物である。そのため、運動などによって熱が大量に発生すると、発熱を抑えるため、発汗の指令が視床下部から出て、神経を通って皮膚表面に伝わる。人間は、体重の六〇%が体液であり、そのうちの四〇%は細胞内にあるが、残りの二〇%が細胞外にあり、この液が汗として皮膚の表面から水蒸気となって体外に出る。その時に気化熱を放出して体温を下げ、身体の体温を一定に保つようにしている。運動がはげしくなると、発熱を抑えるために指令を出す視床下部にも新鮮な血液の供給は不可欠なのだ。

歩行時の消費エネルギー

人間の歩く歩行速度によって消費エネルギーが異なる事が調べら

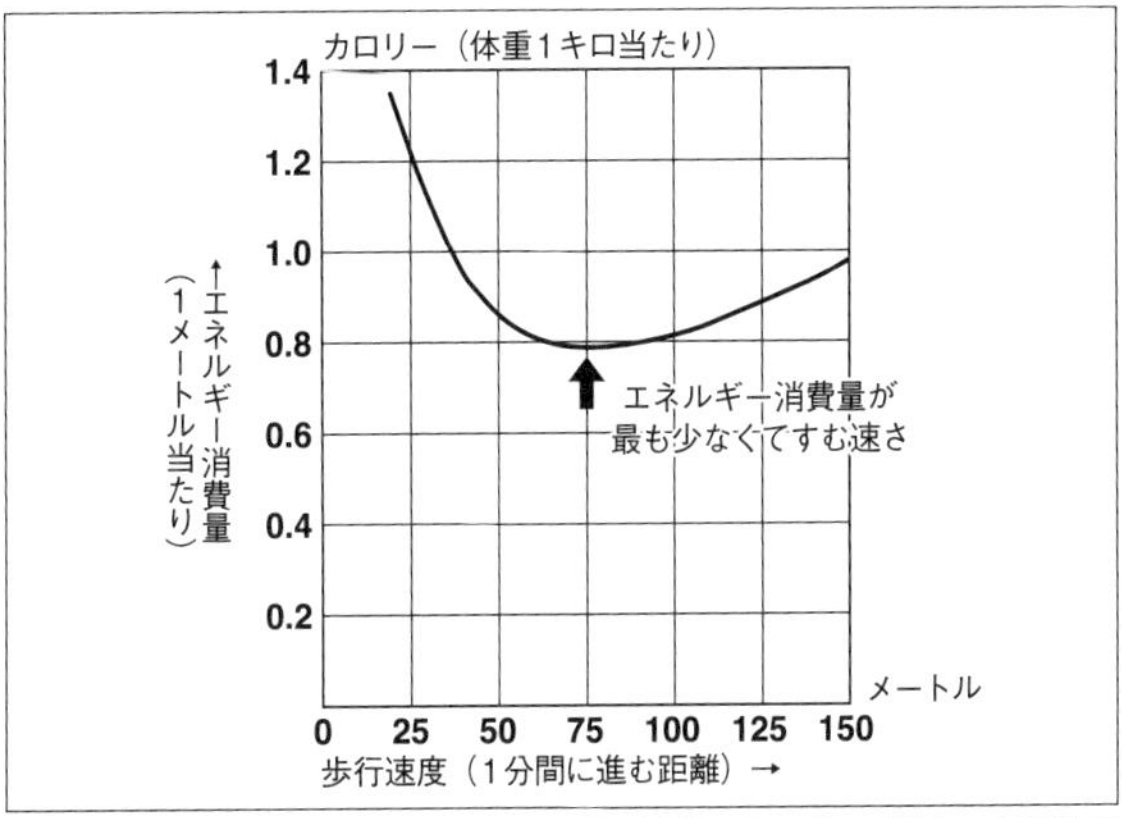

図4-4　歩行速度と消費エネルギーの関係─消費エネルギーが最小の自然歩行

れている。図4-4に示すように歩行速度が大きくても、歩行速度が小さくても消費エネルギーが大きくなり、消費エネルギーが最小になる歩行速度が存在する。この歩行速度で歩く歩行を自然歩行という。無意識で歩く時の歩行が自然歩行となっている。人類の活動の場が世界中に広がるにつれて、平地につけられた道、斜面につけられた道など、いろいろな所に道がつけられていった。斜面を歩く時は、平地を歩く時と様子が異なるのは誰しも経験している。斜面を歩く時の消費エネルギーは、平地の場合と異なるためである。斜面を登る時の消費エネルギーは、平地の場合よりも大きく、斜面を下る時の消費エネルギーは、平地の場合とあまり変わらない。

消費エネルギーの大きさは運動強度（メッツ）で表示される　運動がきついかどうかを判定する運動強度は、単位時間当たり、体重一kg当たりの酸素摂取量で表示される。酸素摂取量は、安静時における酸素摂取量を一METs（メッツ）とし、これの倍数で表される。厚生労働省が国民の生活習慣病予防のために裁定した「健康づくりのための運動指針二〇〇六年」に、いろいろな運動の場合の運動強度をメッツの単位で示している。その中から、歩行に関するものをピックアップして見ると、

平地を普通の速度（四・〇km／時）で歩く時の運動強度　三・〇メッツ
下り坂を四・〇km／時で歩く時の運動強度　三・三メッツ
上り坂（一～五％勾配）を四・七～五・六km／時で上る時の運動強度　五・三メッツ
上り坂（六～一五％勾配）を四・七～五・六km／時で上る時の運動強度　八・〇メッツ

消費エネルギーは、運動強度（メッツ）に体重と運動時間と補正係数を掛けると計算できる。上り坂を歩く時は、平地よりも二倍以上きつい運動であることがわかる。赤筋による有酸素性（エアロビック）反応では、糖分と脂肪と酸素の供給が必要であり、歩行運動を続けると、脂肪が消費され、その結果、体質が改善されるのだ。

2 歩行と思考は密接な関係がある

フランスの思想家パスカルの遺稿集パンセの中にある「人間は考える葦である」は、人間の本質を表した言葉として有名である。葦は少しの風が吹くと、しなり曲がるが、風が去ると、また元のように立ち上がる。人間の振舞いを葦に例えた名句だが、考えることができるのが、人間の人間たる所以であることも教えている。考えることは、大脳の前頭葉によって行われる。大脳の前頭葉に、血液によって酸素を運び、考えるエネルギーが提供される。

頭の働きは、安静状態よりも、歩いている状態の方が良くなる。歩くと、足の筋肉が働いて、下にたまっている血液を押し上げ、心臓に返しやすくなり、脳に行く血液が増えて、頭の働きが良くなる。なにか考え事をするとき、ぐるぐる歩き回る人がいるが、理にかなっている。歩く時は、最初は、血液によって酸素を赤筋に送り、収縮するエネルギーを供給し、同時に、筋肉の収縮・弛緩の指示を出す大脳の運動野に血液を送る。平地およびゆるい下り坂では、自然歩行に使う血液に余裕があり、思考に必要な前頭葉に送られる血液量は十分にあり、歩きながら考える事ができる。

しかし、歩く速度または登りの坂道の傾斜が大きくなると、赤筋の他に、白筋を使ってエネルギーが供給され、歩行が行われる。歩行速度または傾斜の角度が上がってくると、脈拍数がさらに大きくなり、足の骨格筋に送られる血液量が増えると同時に、大脳の運動野に送られる血液も増えてくる。そうすると相対的に、思考に必要な脳の前頭葉に送られる血液量は少なくなるか、または送られなくなり、歩きながら思考する事は困難になる。さらに、歩行の運動量が増えると、すべての筋肉を動員し、心拍数を極限まで増やして歩行続行に対応する。この状態になると前頭葉での思考は休止状態、いいかえれば無我の境地に陥ることがある。一方、下り道の勾配がきつくなると、歩行の速度の制御や足の運びに集中するため、こちらも大脳の運動野に送られる血液が増えて、その分、歩きながらの思考がむつかしくなる。

自然歩行は思考の最適空間　消費エネルギーの最も少ない自然歩行に近い速度を保って歩くと、長い距離の道を歩き続けられる。前頭葉に血液も十分に行きわたるので、歩きながら思考もできる。周りからいろいろな刺激を、歩きながら受けることができる。まさに自然歩行は思考の最適空間である。そして、歩き終えた後の達成感を味わうことができる。さらに、歩くことは、筋肉を鍛え、脂肪を燃焼させるなど健康な身体作りにもよい。これらが、道が人類にとって何故必要かの第二の答えである。

Ⅳ 熊野参詣道小辺路への挑戦

多くの人々が巡礼の道をひたすら歩く。ひたすら歩き続ける。何故、多くの人々がひたすら歩きつづけるのか、ひたすら歩き続けることで何が得られるのか、道を歩かない傍観者には理解することが困難である。私は、本章を執筆するに先立ち、どこまでも続く巡礼の道をひたすら歩く体験をする場を求めていた。私は、近畿地方の兵庫県伊丹市に住んでいるため、紀伊山地は比較的身近な場所であり、歩くなら、長い歴史を持つ熊野古道と考えていた。

熊野古道は隠国《こもりくに》にある巡礼の道　近畿地方の南部にある紀伊山地は、紀伊半島を東から西に流れる大河である紀の川より南に位置し、標高一〇〇〇m～二〇〇〇m級の峰がつながり、南北には大台山系・大峰山系・高野の山々、東西には果無山系等が走り、年間三〇〇〇㎜を超える大量の雨水が、豊かなうっそうとした森林を育んだ山岳地帯である。紀伊山地は太平洋に張り出した紀伊半島を形作っていて、黒潮が洗う変化に富んだ長い海岸線を持っている。紀伊山地は古代から開けた土地であり、紀伊山地の南部に熊野があり、紀伊山地に隣接する東部に伊勢がある。古代において、伊勢はこの世を示す顕国《うつしくに》、熊野はあの世を示す隠国《こもりくに》と考えられた。

古代人は死者の霊のこもる国が地上のどこかにあると考え、これを隠国と呼んだが、「くまの」は、冥界を意味する「くまで」「くまじ」「こもりの」が変化したもので、熊野は死者の国と認識されていた。古代から中世にかけての日本の中核となった京都と奈良に近い位置にあった紀伊山地は、一方では死者の霊のこもる隠国の性格を併せ持ったことから、国家とからむ宗教の色彩の濃い土地として発展してきた。紀伊山地における宗教の中心は高野山と熊野である。

高野山　高野山は蓮華のような八つの山々に囲まれた標高約八〇〇mの山中にある盆地に築かれている。空海（弘法大師）は、仏教の一派である真言密教を広めるために全国行脚し、ついに都から適当な距離を保つ紀伊山地の北部の一角に、隠国の宗教的雰囲気を持つ最適な聖地を見つけた。八一六年に嵯峨天皇からこの台地を下賜され、高野山金剛峰寺を建立したのが始まりである。最盛期には、金剛峰寺の境内に、高さ四八mの根本大塔がそびえた壇上伽藍を中心として、約一二〇の寺院が東西六km・南北三kmの空間にひしめき並ぶ仏教都市であった。現在でも高野町の人口三四〇〇人のうち、約一〇〇〇人が僧侶である。高野山に至るには、高野七口と呼ばれる七つの道があり、各道を苦心して登った先に、人々は現実とは違う世界が広がる光景に感激したと思われる。

熊野三山と熊野古道　熊野の中心は、熊野三山と呼ばれる熊野本宮大社・熊野速玉大社・熊

図4-5 4本の熊野古道（小辺路、中辺路、大辺路、伊勢路）

野那智大社である。熊野本宮大社を本宮、熊野速玉大社を新宮、熊野那智大社を那智と略称で呼ばれ、大衆に親しまれるようになった。

熊野古道は熊野三山を目指す四つの参道から成り、**図4-5**に示すように、紀伊半島西岸を進み田辺に達し、田辺から紀伊山地に入り熊野を目指す「中辺路」、田辺から山地に入らずに海岸沿いに進み熊野に至る「大辺路」、高野山を出発して紀伊山地を縦断して熊野に至る「小辺路」、伊勢から紀伊半島の東岸を進み熊野を目指す「伊勢路」である。

二〇〇四年七月に奈良県・和歌山県・三重県にまたがる三つの霊場（吉野・大峰、熊野三山、高野山）と参詣道（熊野参詣道、大峯奥駈道、高野山町石道）は、世界遺産として登録され、その文化的遺産の価値が世界中に発信されたのは記憶に新しい。

1　熊野参詣道小辺路巡礼旅行記録

熊野古道には四つの道があるが、その中の小辺路に焦点を当てた。選んだ理由は、小辺路の出発地と到達地が、熊野の二つの聖地である高野山と熊野本宮大社であって、二つの聖地を結ぶ小辺路こそが、最も熊野独特の隠国的な雰囲気を味わうことができ、平坦な道、上り道、下り道などいろいろな道を経験できると考えたためである。

老人隊結成に至る苦難の道

私は、ハイキング程度しか経験したことのないウォーキング初心者である。旅行書を見ると、小辺路コースの難易度は高く、私一人で小辺路を踏破する自信はなかった。そこで小辺路を一緒に歩いてくれる同行者を探すことになった。そこに天祐が下りてきてくれた。小辺路探訪を祈願して一年経った頃、なんと、奈良に住む親友のD氏が、小辺路を一緒に歩きませんかと私に誘いを掛けてくれたのである。D氏は、森林の草木や、きのこなど山の植物に関心度が高く、地元のきのこ会に所属するなど自然愛好者で、紀伊山地を数多く車でドライブし、紀伊山地を熟知している。しかし、D氏自身も小辺路巡礼は初めてなので、同じきのこ会に所属するI氏に同行を求めた。I氏は紀伊山地のほとんどの山々を踏破し、大峰奥駆道の保全にかかわるなど、山のベテランであり、小辺路を熟知している頼りになる人物である。Ｉ氏は、小辺路探訪が実行された場合にはリーダ格として行動するため、同行者が小辺路踏破できるかどうかを見極めたいといわれた。理由は二つあった。第一の理由は参加者の年齢構成である。小辺路に挑戦した当時、Ｄ氏は八〇歳、Ｉ氏は七二歳、そして私は七七歳の高齢者グループであるので、若い人よりも運動能力が格段に落ちると考えられる。複数の人々で行く巡礼では、能力の一番低い同行者が、そのグループの行動速度を決定するため、参加者の資質を見極める必要があったのである。第二の理由は小辺路ルートの厳しさである。本ルートには伯母子峠・三浦峠・果無峠と三つの一〇〇〇ｍ級を超える峠があり、一つの峠を越えると平地近くまで下り、翌日はその地点から次の峠まで登る山登りのアップダウンを三回繰り返す健脚向きのコースだからである。

そこで、山のベテランのＩ氏は小辺路踏破に先立って、紀伊山地北部にある音羽三山縦走コースを試験登山に選んで、Ｄ氏と私の歩行能力を試してみたが、結果は見事に落第であった。Ｉ氏からこのままでは引き受けられないと言われた。ここで初めて、小辺路踏破が大変なことだと認識できた。それから特訓が始まった。私は一五㎏の重りをリュックサックに入れ、自宅から近くの甲山（標高三一〇ｍ）までの往復一六㎞の道のりを歩く訓練を何回も行い、所要時間をＩ氏に報告したが及第点に達しなかった。しかし、私の熱意にほだされたのだと思うが、

I氏はD氏と話し合い、小辺路踏破計画が実行されることになった。彼は私のような巡礼者でも踏破できるための絶妙の妥協点を見つけてくれたのである。I氏が提案したのは、昔からの小辺路巡礼路を歩くのだが、小辺路と並行してドライブ道路がある場合、それを利用して実際に歩行する距離を縮める案であり、D氏と私が賛同したのは言うまでもない。かくして、二〇一六年五月二三日、四つの熊野古道の中でも最も厳しいと評判の熊野参詣道小辺路を、平均年齢七六歳の三人から成る老人隊が三泊四日で踏破する巡礼の旅の幕が切って落とされたのである。**図4-6**に今回歩いた熊野参詣道小辺路巡礼の道を示す。小辺路ルートは、高野山から出発して南南東の方角に敷かれ、熊野本宮大社に至る全長六七kmの参詣道である。

◆第一日目

出発地は高野山である　標高の高い高野山を早朝に出発したいので、出発の前夜、弘法大師が眠る奥の院への参道途中にある普賢院の宿坊に宿を取った。I氏は、私たちの身体を長期歩行に慣らすために、巡礼の初日は身体の負担を軽減する行動計画を立てた。小辺路がスタートする道とほぼ並行して高野龍神スカイラインのドライブ道路があるため、小辺路の最初の九・二kmを車で移動して、小辺路と交差する水ヶ峰登山口から小辺路に分け入り、午前八時

図 4-6　高野山と熊野本宮大社をつなぐ小辺路行路図

三〇分に熊野参詣路巡礼をスタートさせた。上り勾配の山道を喘ぎながら歩いて尾根道に出て、木漏れ日のさす山道を歩き、標高一一八〇mの水ヶ峰集落跡に着いた。集落跡を示す痕跡は石垣と朽ち果てた墓標のみであった。

小辺路は高野山への「塩の道」だった

高野山には昔から、数千人の人々が生活しているが、高野山上には水田や畑地が見当たらない。明治時代以前、高野山は広い寺領を持っていたため、麓から高野七口の道を通って大量の食糧や生活必需品を運んでいたのである。小辺路も高野七口の一つであって、巡礼道と同時に、馬の背に荷物を積んで運ぶ生活道、いわゆる高野山の「塩の道」でもあったのである。水ヶ峰集落は、小辺路の紀伊と大和の国境付近にある旅宿であった。明治中期までは八戸の宿屋が軒を並べ活況を呈していた集落だったそうである。水ヶ峰集落跡から、本日の宿泊する標高七三〇mの大股までの七・二㎞の道のりは比較的なだらかな下り道である。先頭がD氏、小生を挟んで、I氏が殿の隊列で、熊よけの鈴の音を高らかに鳴らし歩いた。本日の終着地である大股までに、谷に点在する集落へ下る辻と名の付く地点が何ヶ所かある。今西辻や平辻などである。私たちは平辻で昼食を取った。日が差して暑かったので、木陰の道一杯にシートを敷いて、三人が車座に座り、ゆっくりとした昼食をとった。小辺路の道を遮断しての昼の宴である。このような振舞いができたのも、小辺路を通る旅人に誰一人出会わないからである。中辺路参詣道などに比べて旅人は極端に少ないと聞いていたが、寂寥感が支配している小辺路を実感した次第である。午後三時前に、本日最初の旅人と出会った。伊勢から伊勢路を通って、熊野新宮そして熊野本宮にお参りして、小辺路を通って高野詣でをする途中の健脚の旅人であった。行き交う人と気軽に話ができるのも旅の醍醐味の一つである。

大股で宿泊する　大股の津田旅館に三時過ぎに着いた。旅館の前には清らかな川原樋川《かわらび》が流れている。津田旅館の後ろに広がる傾斜地に大股集落の家々が並んでいるが、人影が見当たらない。限界集落の片鱗が見受けられる。この旅館には八〇歳を超えた老女将さんと、村会議員をしている息子さんの二人が住んでいるが、宿の方は老女将さん一人で切り盛りしている。そのため、一日に一組しか客を泊めることができないそうである。小辺路は雨量の多い紀伊山地を貫いて通っており、道路補修などの仕事はしばしばあるようで、大切な現金収入となっているそうだ。夕ご飯は女将心づくしの料理が並んだ。女将さん一人で準備してくれたかと思うと、ありがたく頂戴した。

◆第二日目

この日の小辺路巡礼は、大股から三浦口までで、峠越えをはさんだ一六・二㎞を歩くコースである。初日のタクシーのような援軍を求められない。そこで、歩行に費やす時間を多くするために、午前六時に曇り空の大股を出発した。老女将さんが曲がった腰を伸ばし、手を振って見送ってくれた。本日は最初から急坂の小辺路が待っていた。急坂をストックの助けを借りて喘ぎながら登り始めた。標高約一〇〇〇mにある萱小屋跡での小休止を挟んで三・九㎞歩いて標高一二三二mの桧峠に到着した。弘法大師の捨てた箸が桧の大木になった伝説が残っているが、残念ながら今は見られない。今朝から高低差約五〇〇mを約二時間かけて登ったことになる。当然のことながら、老人にとって上り坂を登るのは非常に苦しい。上り坂では前傾姿勢をとり小幅で歩かなければならない。石畳の道では、目前に次々に現れる石・石・石を睨み、「よいしょ、よいしょ」と駆け声を掛けながら歩かなければならない。周りの景色も目に入らず、他の事など考える余裕など起こらない。鼻や口から酸素を目一杯取り込みながら、赤筋と白筋の筋肉をフル活動させて、足を一歩一歩前に運ぶ。

伯母子岳頂上を経て小辺路を象徴する伯母子峠へ

桧峠を越えてから尾根道に入って勾配がゆるやかになり、幾分、楽に歩けるようになった。周りの景色にも目をやる余裕も出てきた。晴れていると右手に夏虫山が見えるはずであるが、残念ながら曇り空のため視界が開けない。

一・一㎞ほど進むと、護摩壇山、伯母子岳、伯母子峠に分かれる分岐点に出る。ここは標高一二一五ｍの高所にある辻であるが、昔は生活道・巡礼道として人馬の往来が頻繁だったそうである。今日も早朝から小辺路を歩き始めて、まだ一人も旅人と出会わない。時の流れをひしひしと感じた。薄っすらとガスが掛ってきた。急坂を上がってきた疲れが溜まって身体が重い。これから伯母子岳に登っても視界が悪いだろうし、一刻も早く今日の終着点の三浦口に着きたいという思いが私の中では強い。そのためには、この三叉路を伯母子峠の方に進路を取らなければならない。I氏から、「二度と来ることもないと思うので、思い切って山頂を踏んでみませんか。多分何も見えないと思いますが」と問いかけがあった。最高齢のD氏が間髪入れず「行きましょう」と応じた。かくして、標高一三四四ｍの伯母子岳頂上に向かって進路を取ることになった。急坂が再び私たちの前に現れ、難行が再開した。案の定、伯母子岳頂上は**図4-7**に示すような雲の中だった。この山頂は三六〇度視界が開けていることで有名で、どこまでも続く紀伊山地の山々が見られなかったのは残念であった。山頂滞在も早々に、ガスで曇る山道を慎重に下って行った。赤く燃えるヤマツツジと真っ白なシロヤシオがガスに包まれて幻想的な雰囲気を醸し出している。前述の三叉路までもどり、南に向かって進路を取り、標高一二四〇ｍの伯母子峠に午前一〇時二〇分に到着した。伯母子峠

図 4-7　伯母子岳山頂に立つ老人隊（左から順番にD氏、私、I氏）

は高野山から出発して、小辺路を象徴する三つの峠の中の最初の峠であり、少し達成感を感じる。峠の小屋で少し早い昼食を取った。津田旅館の女将さんが作ってくれた弁当を美味しくいただいた。さらに、I氏が持参したインスタントコーヒーと湯沸かしセットを使って、温かいコーヒーを振舞ってくれた。疲れた身体にしみいるように美味しい。このような準備をしていたI氏は頼もしいリーダであった。

色々な顔を持つ下り坂　一時間ほどの休憩を取り、次の目的地の上西家跡を目指して出発した。自然林に囲まれ、落ち葉が散らばっている山道を歩いていると、いつの間にか、まわりのガスが薄くなり視界が広がってきた。山腹に沿ってなだらかな下り道が続いているが、谷側はきつい傾斜になっていてほとんど崖に近い。紀伊山地は雨が多く、道の所々に崩れ落ちた箇所ができているが、その都度、補修がなされて巡礼路が維持されている。多くの人々に支えられて、私たちは小辺路を歩きつづけることができるのだ。下り道は上り道に比べて歩きやすい。苦しさの程度が全く異なる。そのため、下り道は自然に歩幅が広がり歩行の速度が上がる。しかし、下り道の所々に急な段差があるため、前方に注意を集中して足を踏ん張らないといけないのだが、私がその都度、前屈みになり、頭から倒れそうになっていることをＩ氏は見抜いていた。今朝歩き始めてから六時間ほど経っているため、疲労が蓄積し足の運びが覚束なくなってきていたのだろう。そこで二・五㎞歩いて辿り着いた上西家跡で、Ｉ氏は大休憩を提案した。上西家跡は標高九二一ｍの高所にあり、その昔、小辺路に稀な間口九間、奥行六間の立派な旅籠があったそうである。それを偲ばせる高さ一ｍの石垣が約一〇ｍにわたって続いている。旅籠の屋敷跡にできた草地が私たちを迎えてくれた。静寂の中に身をおくと、当時の宿の泊り客の喧騒が思い浮かぶ。

元気を取り戻し、午後一時に残りの約七㎞の小辺路巡礼を再開した。水ヶ元茶屋跡、待平屋敷跡を経て、終着地の標高三四五ｍの三浦口までの行程である。徐々にガスが掛かってきて、雲の中にいるような幻想的な風景の中で展開する下り道を進んだ。ゆるやかな下り坂、急勾配の下り坂、方向がくるくる変わるつづら折りの下り坂、いろいろな下り坂を体験した。水ヶ元茶屋を過ぎると石畳の道が増えてきた。石畳は大雨による表土の流出を防止する効果があり、古道には石畳が多い。昔の草履履きの時代、草履は石の上では滑りにくいので、石畳の道は旅人にとって都合の良い道であった。しかしながら、現在のゴム底の靴は石の上では滑りやすい。とくに雨にぬれた石は危険である。I氏から、できるだけ石畳をさけて道の両端を歩くように指示が出た。特に下り坂の石畳の道は気を付けるようといわれた。石畳をさけて進むのは歩きにくく、歩きながら思考するなどの余裕は吹っ飛び、歩行に全神経を集中して進み、疲労度が一段と増すようである。

三浦口で宿泊する　午後四時半に宿泊地の三浦口に到着した。この地方に残る伝承によれば、平維盛が三浦口の近くの五百瀬集落に逃れて住みつき、その血統は代々、小松姓を名乗り、屋敷は政所屋敷と呼ばれた。今夜の宿は民宿となっている政所であった。政所という名前に相応しく、厳めしい門をくぐって母屋の玄関を入って行くと、老女将と息子さんが迎えてくれた。この薬医門形式の門や家屋は県の有形文化財になっているそうであって、小松姓の子孫が明治の初めまで住んでいたという。昨日の旅館と同じく、本日の客も私たち一組だけであった。

◆第三日目

今日の予定は、標高三四五mの三浦口を出発して、標高一〇八〇mの三浦峠を越えて西中バス停までの一九・二kmの行程である。雨対策の装備を十分にして、午前七時過ぎから雨の小辺路巡礼がスタートした。I氏から雨の日の指示がでた。「道中で、スポーツドリンクを昨日よりもしっかり取るように」、出発当初はその意味が分からなかった。神納川に架かる吊り橋を渡るとすぐに登りになる。九十九折れのきつい急坂を小雨に打たれながら一歩一歩登って行くと、突然、目の前に「三十丁の水」と称する水飲み場が現れた。年中枯れないでおいしい水が飲める場所である。I氏によれば、今朝出発した三浦口からの距離を算定して三十丁と名付けたとか。この場所は標高八五〇mにあり、三浦口から標高差約五〇〇mを登ってきた巡礼者にとって、甘露の水として飲まれたことは想像できる。その後も、降ったり止んだりの天候の下での登りの山道が続く。何度もスイッチバックを繰り返し、標高一〇八〇mの三浦峠に向かう。雨の山道では落ち葉や木の根っこでよく滑る。I氏から、「木の根っこを縦に踏まないでくださいよ。よく滑りますから」と注意が飛ぶ。雨具を着ているためか、汗の出る状態が三日間で一番多いようだ。大量の汗と共にミネラル成分も流れてしまうために、こまめに補充しないと元気で歩き続けなくなる。今朝、I氏の言った言葉がやっと理解できた。足元に神経を集中して登り続ける。

小辺路を象徴する三浦峠へ

午前一一時過ぎ、出発から四・五㎞歩いた先に、ガスにけぶる三浦峠の小屋が見えてきた。標高一〇八〇mにある三浦峠は、小辺路を象徴する三つの峠の中の二番目の峠である。ここで昼食こみの大休憩を取った。紀伊山地は太平洋に面しているため、雨量が多く、しばしば暴風雨に見舞われる地域である。小辺路を歩くと、災害にまつわる話をよく耳にする。明治二二年、十津川村に未曾有の大水害が襲った。被害はあまりにも大きく、元の生活にもどることができないと判断した二六〇〇余名の老若男女が、新天地を遠く北海道に求め移住を開始した。彼らが、神戸から船に乗るために歩いた道こそ、この小辺路だった。彼らは三浦峠を越え、さらに伯母子峠を越えて進んだ。若者たちは年寄りや小さな子供を背負って歩いた。伯母子峠では、リーダが「これが十津川の見納めだ。二度と再び故郷を見ることはなかろうから、みんなしっかり見ておけ!」と叫び、一同みな涙したと伝えている。北海道に移住した村民たちは、力を合わせて未開の土地を開墾し、成功をおさめ、現在は新十津川町として栄えている。十津川町の名前がついていることから、故郷を忘れなかった開拓民の心意気が伝わってくる。

午後は、三浦峠から標高一五〇mの西中バス停までの一四・五㎞の長い下り道である。雨が再びはげしくなってきた。I氏から指示が飛ぶ。登山靴の紐の結び方の変更である。登りの時は上部の孔の部分には紐を通さず足首をフリーにしていたが、下りの時はすべての孔に紐を通して足首と靴を一体化させ、今度は足の指をフリーにすることで、足の爪を守った。ゆるやかな下り道は素晴らしい。雨に濡れた落ち葉が滑りやすいことに気を付けないといけないけれども、足がリズムよく無意識に前に出る。雨にけぶる山道に身を置くと、周りが見えず雑音が聞こえず自分だけの空間が広がる。適度の疲労感が相乗効果をもたらすのか、すごく心地よい。至福の時間を味わった。

十津川温泉で宿泊する　今日も旅人と全然出会わない。最後の三〇分ほどは急な下り道で悪戦苦闘したが、矢倉集落が木立の間から突然現れ、午後四時頃に車道のバス亭に出た。十津川温泉のホテル昴まで車で移動した。宿に着いて、携帯した品物を調べると、防水加工していなかった腕時計が動かなくなっていた。財布も水分を吸って、中のお札が水を被ったようになっていた。本日、発汗した水分量がいかに多かったかを物語っている。十津川温泉はナトリウム炭酸水素塩泉であり、まったりした泉質が疲れた身体をほぐしてくれた。まさに至福の時間であった。

◆第四日目

私たち老人隊は車道のある所はできるだけ車で移動し、距離を稼ぐ方針を取っている。本日のスタートは車である。上湯川と十津川の合流地点に架かる柳本橋を渡り、川沿いを車で移動すると、本日のスタート地点である果無峠の登山口があり、俳人向井去来の句碑が迎えてくれる。

つづくりも　はてなし坂や　五月雨

「つづくり」とは参詣人から徴収する参詣道の修繕費のことである。小辺路の道路を維持するための費用を通行人から取っていた当時の事情がうかがえる。当時の小辺路が通行人の多い道であった事を彷彿させる句である。今日は幸いに天気に恵まれた。「日本の里一〇〇選」に選ばれた果無集落からの風景は素晴らしく、「天空の郷」と呼ばれている。標高四〇〇mの果無集落からは**図4-8**のような果無山脈が遠く見渡せ、緑の谷間が眼下に広がっている。

小辺路を象徴する果無峠へ　本日歩く小辺路は、本来の古道が最もよく残っていて、登り始めから延々と石畳の登り道が続く。杉の防風林に囲まれた道端の苔むした石垣や、雑草に埋

図4-8 天空の果無集落よりの素晴らしい眺望

もれた井戸跡が長い小辺路の歴史を思い起こさせる。四日目になり疲労が蓄積されており、上り道はきつい。一歩一歩、目の前の石畳を踏みしめて登る。一二時過ぎに標高一一一四mの果無峠に到着した。これで小辺路を象徴する三つの峠、伯母子峠・三浦峠・果無峠すべてを踏破したことになる。とにかく嬉しい。目標をクリアした時の達成感を体感できた。

最後の日も旅人とは出会わない　果無峠で昼食をとる。山で食べる弁当は今日が最後である。最後の日も旅人とは出会わない。峠は風がきつく寒いので、少し下がった木漏れ日の中で、小辺路の道一杯にシートを敷いて最後の食事を楽しんだ。午後の小辺路は嬉しい下り道が続く。気合を入れなくても足が無意識に前に出て、周りの風景を見る余裕もできるし、自分だけの世界にも浸ることができる。十津川が熊野川と名前を変えて蛇行して流れている光景が、木々の間から垣間見ることができる。下り道最高である。しかし、最後の二㎞ぐらいから急な下り坂が増えてきた。片方が崖で危険な箇所が増えてきた。周りが赤松で覆われはじめ、ウバメガシの落ち葉が道を覆う。いずれも油分を多く含むのでよく滑る。自分では気が付かなかったが、急な下り坂で私の足取りが怪しくなり、きつい前かがみの姿勢を取り始めた事にI氏は見抜き、私の歩行をサポートしてくれた。

熊野本宮大社に到着　下り坂が、さらに急になった直後に、長い木製の階段が現れ、そこを降り切った所で車道に出た。高低差九五〇mの下り道はさすがに厳しく、今日も、たどり着いた車道にへたりこんだ。今回の小辺路巡礼で歩く区間はこれで終了である。午後四時すぎ疲労困憊の身体をバスが熊野本宮まで運んでくれた。熊野本宮大社を参拝し、湯の峰温泉で泊り、今回の小辺路巡礼の旅は終了した。

2　小辺路巡礼の旅で得たこと

今回の小辺路巡礼の旅は、伯母子峠（標高一二一五m）、三浦峠（一〇八〇m）、果無峠（一一一四

m）の三つの峠を一日一つずつ越えて行く三泊四日の旅で、全長六七kmにわたる小辺路を踏破することができた。乗物は、第一日目の高野山からのスタート時の九・二kmと、第四日目の熊野大社に至る最後の行程の四・六kmに利用した。しかし、残りの五三・二kmは、きびしい山道の連続であった。一度山道に入ると長時間にわたって集落と行き合うことがないため、本格的な登山の準備をして必死で歩いて踏破した。今回の小辺路巡礼の旅で得たことは多々あったが、これらをまとめてみる。

達成感の喜び　歩く旅を続けると、いろいろな達成感の喜びがある。厳しい登り道をへとへとになりながら登り切り、頂上に達した時の達成感、一日の行程を歩き通した時の達成感、全行程を歩き切り、最終目的地に到着した時の達成感などがあり、脳の中に脳内物質のドーパミンが出て、幸福感にひたる状態になる。伯母子峠では、峠をきわめた達成感の上に、さらに足を進め、伯母子岳（一三四四m）の頂上を極める二重の喜びを味わった。三浦峠では、峠をきわめた達成感の喜びの上に、もう一つの喜びがあった。一三〇年前、十津川村の老若男女が、故郷を離れて北海道に向かった時に通った同じ峠に立ち、彼らの想いと共有しているという感動を味わうことができた。

果無峠は、伯母子峠・三浦峠を踏破した後の最後の峠であり、達成感の喜びは三重の喜びとなって湧き上がってきた。果無峠の麓で、I氏から「高野山系の大峰登山では、疲れてくると声を合わせて、『六根清浄・懺悔・懺悔』を唱和して歩きますよ。やりますか」という誘いがあり、「ろっこん　しょうじょう　ざんげ　ざんげ」と最初は小さな声だが、段々に大きくなり、静寂を突き破って周りに響き渡った。これは掛け念仏と言って、大声を出し、自分を奮い立たせ、罪や汚れを懺悔して歩く修験道の一つである。唱和することで脳から雑念を追い払い歩行に集中できる。老人隊全員で大声を出して唱和していると、三人が一つになり、最後の果無峠をきわめることができた。その達成感に思わず私は「万歳・ばんざーい！」を叫んでいた。他の二人も唱和して、万歳の響きが峠を越えて広がっていった。

一日の行程を、へとへとになりながらもやり遂げ、宿についた時の達成感の喜びは大きかった。さらに、小辺路巡礼のすべての行程を三泊四日で踏破して、熊野本宮大社の長い階段を登りきり、三人並んで二礼二拍手一礼した時の達成感の喜びは格別であった。小辺路巡礼の旅に挑戦して良かったという満足感に浸った。一緒に歩いてくれたD氏とI氏に、感謝の祈りを心から捧げた。

未知との遭遇の喜び 歩く旅は、乗り物の旅と違い、移動速度がきわめて遅いので、周りをゆっくり見渡すことができる。道端から、遠くの景色から、新しい情報が目や耳に入ってきて、多くの喜びを手に入れることができる。未知との遭遇の喜びは、各人の持つ知識のレベルによって異なってくる。自然は奥深いものであるから、いかなる知識レベルの旅人でも、未知との遭遇の喜びは存在する。今回の巡礼の旅では、D氏、私、I氏の隊列で歩いた。さえずっている野鳥や、路傍に生えている草花や、きのこの品定めなど、私ごしに交わされるD氏とI氏の会話に私は絡んでいけなかった。両氏の豊富な知識に改めて脱帽した。私にとって未知のものは、D氏・I氏にとっては、ごく常識的なことが多かった。巡礼の旅で、私が出会った未知なものを二、三羅列するものとする。

二人静 一日目の水ヶ峰集落跡の道端に、**図4-9**に示すように四枚の葉の上に二本の直立した白い花穂を出した可憐な草花が多数咲いていた。二日目の上西家跡でも、二本以外に、一本や三本の白い花穂を出した草花が群落を作り印象に残った。I氏が、これらの草花は二人静だと教えてくれた。二人静は、謡曲「二人静」で、義経の愛妾である静御前の霊が、吉野山で若菜摘みに出た女に乗り移り舞い遊ぶ姿を、二本の直立した白い花穂を出した風情か

図4-9　可憐な二人静

ら連想して、二人静と名付けられそうである。

落とし文　一日目の大股に到着する直前の川沿いに歩いている時に、D氏が、図4-10に示すような小さな葉巻のようなものが道のあちこちに落ちているのを見つけた。「落とし文」のようだと言って手渡してくれた。I氏によると、オトシブミ科の甲虫が広葉樹の葉を丸めて中に産卵して地上に落ちたものだそうだ。巻き手紙のように見えることから「落とし文」と言うのであろうか。この昆虫は世界中に広く分布しており、あの有名なファーブル昆虫記にも、葉巻職人として紹介されている。「落とし文」といい、「二人静」といい、なんと素敵な名前をつけたものか、先人の感性の豊かさに感服することしきりであった。

図4-10　ロマンティックな落とし文

トリカブト　有名な毒草で名前は知っていたが、本物に出会ったのは初めてである。二人静の群落のそばに、毒草が手を差し伸べて届く所に数多く、さりげなく生えていることが驚きであった。トリカブトは夏から秋にかけて青紫色の兜に似た美しい花を付けるそうだが、この季節はまだ葉だけで他の草花と区別がつかない。トリカブトの根茎の毒が一番きついそうだが、葉とか茎などすべての部位にも毒性があるそうで、I氏の助言がなければ、手に触れていただろうとぞっとした。

ヒメシャラ　二日目の伯母子岳に登る途中で、標高一〇〇〇mを超えるあたりから、スギなどの植生林から、自然林のブナ・ミズナラに交じって、

図4-11　三浦峠付近で見られる巨木杉と植生杉

リョウブやヒメシャラが増えてきたことをI氏が教えてくれた。「ヒメシャラの肌が冷たくて気持ちが良いですよ。火照った身体を冷やすのにはこの木を抱くのが一番ですよ」と勧められた。早速、つるつる肌のヒメシャラに抱きつき頬ずりをしてみたが、思わず「冷たくて気持ちいい～」と叫んだ。コアラが体温を下げるために、ユーカリの木に抱きつく気持ちが少しは理解できたような気がした。

スギ　三日目の三浦峠を目指して石畳道を喘ぎながら登っていると、標高おおよそ八〇〇mの吉村家跡に、**図4-11**に示すような巨大で異様な形をした杉の群れが現れた。この巨木は防風林の名残りと思われ、幹回り四～八mで、樹齢五〇〇年前後と推定されるそうである。杉は真直ぐに伸びる樹木と思っていたが、近代的植林法によるものですよとI氏が教えてくれた。杉や桧の苗木を密植させて成長させ、間伐を何度も繰り返すことによって真直ぐな樹木が作られる。杉や桧が自然の状態で育つと、日光が当たる南側に向かって逞しい枝葉が成長する。今回、出会った杉の巨木の姿が自然の掟を教えてくれた。

思考する喜びと決意

今回の小辺路巡礼の旅では、すべてが傾斜のきつい坂道ばかりでなく、尾根まで登ると尾根伝いの道は比較的平坦な道が多く見られた。平地か、ゆるやかな坂道を自然歩行に近い速度で歩いていると、静止している状態よりも血流が脳に行き渡り、脳が活性化した状態で、物事をより深く考えることができる。非日常の環境の中、自分だけを見つめる場所に身を置くことで、自分がまとっている衣を一枚一枚取り除いていき、自分の本質に焦点を絞り込んで、じっくり考えることができる。宿に着いてからも、非日常の世界が続き、日常の生活では取れない時間がたっぷりあり、思考の時間は途切れることなく続く。そうすることで、これから何をすべきか、進むべき方向は何かを悟る場合がある。これが、人々が道を歩き続けようとする所以である。

小辺路の中の私に起こったこと

いろいろな道との出会いがあった。ゆるやかな坂道でじっくり考えている自分、上り坂を喘ぎながら登る自分、急勾配の下り坂でバランスを失いがちになる自分、歩き疲れて疲労困憊になっている自分、いろいろな状況下の自分を見ることができた。視界もきかない平坦道で、来し方の自分を走馬灯のように思い浮かべていた。でこぼこ道や傾斜のきつい坂道では、自分が老人であることをはっきり教えてもらった。これは悲しいことであるが、私の残りの時間がかけがえのない時間だと認識できたことは良かったと思う。その上に立って、いろいろ考えた中から、決意した事が二つあった。

最初に、今回の巡礼の旅で自分が思っていた以上に老人であり、私の残りの時間が大切な時間だとあらためて認識できた。そこで、ライフワークとしていた「細くて長い形」探しをストップして、今まで蓄積したものをまとめるべきであると結論づけた。巡礼の旅が終われば、「細くて長い形の文化」の執筆にとりかかろうと考えた。

次に、私は大学をリタイヤしてから、小中学生の子供たちに、実験などを通して、繊維材料の素晴らしさを伝える伝道師としてのボランティア活動を行ってきたが、小辺路巡礼の旅に出る前年、私は体調を崩して自信を無くし、ボランティア活動を終了していた。しかしながら、巡礼の旅を終え、老人だけれども、まだまだ体力は残っていることがわかった。きつい上り坂や下り坂、デコボコ道には弱いけれど、平坦な道、ゆるやかな下り道なら歩ける自信がみなぎってきた。これまでの長い人生で受けてきた恩顧に報いるために、体力の続くかぎり、子供たちに繊維材料の素晴らしさを伝える伝道師としてのボランティア活動を続けようと決意した。

◆この章の終わりに

私は、長年にわたり「細くて長い形の文化」の調査を続けてきた。そして、「細くて長い形――道」にも入って調査した。調査の最後に小辺路巡礼の旅に出て、いろいろな道に出会った。歩くのがきびしい道にたくさん出会った。しかし、上り坂には前かがみ姿勢、下り坂には後そり姿勢、デコボコ石畳道では臨機応変に変える安定姿勢など、私のような古びた直立二足歩行システムでも十分対応することができた。柔軟に動く一直線の「細くて長い形」システムがいかに優れているか実感できた。私の中で、一直線の「細くて長い形」が人間のアイデンティティーそのものであることをますます強く確信するようになった。一般の人々から見ると、今回の旅は三泊四日の短い道中であり、未知との遭遇の中身や決意した事も、まあまあと思われるかもしれないが、私にとっては体得したものは十分にあり充実した旅であった。価値観は人それぞれであり、自分自らが挑戦した小辺路巡礼体験記を述べることで、本章の「細くて長い形」に入ることによって得られる真髄を伝えられたものと確信している。

エピローグ――「細くて長い形」に感謝して

ここに、「細くて長い形」を探す長い旅は幕を閉じた。人類が頭から足まで一直線の姿勢で直立二足歩行をしたことが、今日の人類の繁栄につながってきた歴史を見てきた。一直線の姿勢を取ることで、大きい脳と自由に動く両手が人類のものになった。人類は長い時間をかけて、脳が進化する過程で、知恵のある人（ホモ・サピエンス）になり、さらに、すぐれた脳と自由に動く両手を使って、ものを作る人（ホモ・ファーベル）に発展していった。人間の一直線の姿勢は「細くて長い形」そのものであり、人類は長い「細くて長い形」との付き合いの中で、「細くて長い形の文化」を作りあげた。まさに「細くて長い形」そのものが人間のアイデンティティーであることを確認する旅でもあったのである。

「細くて長い形」は一次元の単純な形をしている。人間は知恵をめぐらし、一次元の形のままで利用することはもちろん、一次元の単純な形を組み合わせ、二次元の形をしたものや三次元の形をしたものを作り出してきた。人類は長い時間をかけて、先祖の人々が作り出した知恵を学習して受け継ぎ、それに自分たちの世代で培った知恵を付け加え、子孫に伝承していく過程を繰り返して、「細くて長い形の文化」を作りだしてきたのである。

私と「細くて長い形」との最初の出会いは「細くて長い形の文化展」であった。二〇〇〇年一一月に本文化展が京都芸術センターで行われてから約二〇年、多くの「細くて長い形」との出会いが続いた。二〇一四年五月にイタリアのボルツァーノ県立考古学博物館でアイスマンとの出会いがあった。一直線のアイスマンのミイラの姿から、直立二足歩行の姿勢が「細くて長い形」のルーツである考えがひらめいた。最後に、二〇一六年五月に熊野参詣道小辺路を三泊四日で踏破する巡礼の旅を行ったが、この山歩きが「細くて長い形」を探す旅に終焉を迎える決心をつけさせてくれた。私を巡礼の旅に導き同行して下さった出村剛氏と乾克巳氏に改めて御礼申し上げます。私の長い研究生活の傍にいつも日本繊維機械学会があった。本学会を通じて繊維材料の普及発展のお手伝いをしてきた。このたび拙本出版にあたり、本学会会長の井上真理神戸大学大学院教授から推薦文をいただいた。身に余る光栄であり、衷心より御礼申し上げます。

以上が私の「細くて長い形」を探す旅の全容であるが、本書の執筆が終わりにさしかかった二〇二〇年の初頭、新型コロナウイルスが猛威を振るい始めた。中国から端を発した新型コロナウイルスは、あっという間に世界を巻き込むパンデミックを引き起こし、多くの人が犠牲者となった。この事態に、人類も手をこまねいていた訳ではない。コロナ禍の終息に向けて、新型コロナウイルスに打ち勝つワクチンの開発、ウイルスが人間の体内に入らないフィルターの開発などに人類の叡智が結集され、全世界の人々が着けたマスク姿は今でも目に焼き付いている。人類の危機を救うべく「細くて長い形」した素材は大活躍したのである。

「細くて長い形」は不思議な形である。「細くて長い形」が、手にとる大きさならば、「これを使って何か作れないかなあ」というワクワク考える時間を与えてくれる。「細くて長い形」をした線が紙面にあれば、力強さ・繊細さ・流動性などいろいろな感情を引き起こしてくれる。「細くて長い形」が、長い、ずーっと長い形ならば、そこに入り込んでみたい気になる。私を熊野古道の小辺路に連れて行ってくれたような気持ちを湧き立たせてくれる。いかなる「細くて長い形」でも、興味深々になるから不思議である。人類は、持ち前の創造力を働かせて「細くて長い形」を使ったり、「細くて長い形」から感じたり、さらに、「細くて長い形」そのものに入って歩くことによって、いろいろな「細くて長い形の文化」を生み出していった。

本書で取り上げた「細くて長い形」したものは、この世の中に存在する「細くて長い形」のほんの一部にすぎない。しかし、本書で取り上げた「細くて長い形」から発展した文化だけでも、人類に及ぼした貢献度は計り知れないことがわかる。あらためて、「細くて長い形」

が人類の発展に大きくかかわってきたことを再認識する過程で、私たちの身体には、「細くて長い形」を受けいれるような遺伝子が組み込まれているという考えが強くなっている。「細くて長い形」は、人類を今日の繁栄に導いた起爆剤の一つであったと確信している。そこで、まことに僭越ながら次の言葉で拙稿を締めくくりたいと思う。

『人類を代表して、「細くて長い形」に衷心より感謝申し上げます』

二〇二四年五月

前川善一郎拝

参考文献

プロローグ 「細くて長い形の文化」をめぐる旅の始まり

コンラート・シュピンドラ著、畔上司訳「５０００年前の男――解明された凍結ミイラの謎」文藝春秋一九九四年

第1章 「細くて長い形の文化」は直立二足歩行から始まった

チップ・ウォルター著、梶山あゆみ訳「この6つのおかげでヒトは進化した――つま先、親指、のど、笑い、涙、キス」早川書房二〇〇七年
傳田光洋著「サバイバルする皮膚　思考する臓器の7億年史」河出新書二〇二一年
島泰三著「親指はなぜ太いのか　直立二足歩行の起原に迫る」中公新書　二〇〇三年
濱田穣著「なぜヒトの脳だけが大きくなったのか　人類進化最大の謎に挑む」講談社二〇〇七年
宮本敏夫著「知覚と錯覚　脳のはたらき」ナツメ社二〇〇二年
和辻哲郎著「古寺巡礼」岩波文庫一九七九年
アルブレヒト・デューラ銅版画「アダムとイブ」国立西洋美術館所蔵
D・イーグルマン著、太田直子訳「あなたの知らない脳――意識は傍観者である」早川書房二〇一六年
C・G・ユング著、松代洋一訳「創造する無意識――ユングの文芸論」平凡社一九九六年

松島学著「建築での柱と壁の違い、その境界線は」ビジネス香川Vol.121 二〇一三年

第2章「細くて長い形」を使う文化

チップ・ウォルター著、梶山あゆみ訳「この6つのおかげでヒトは進化した――つま先、親指、のど、笑い、涙、キス」早川書房二〇〇七年
桜内雄二郎著「高分子化学教室」一九八八年
西村三郎著「毛皮と人間の歴史」紀伊国屋書店二〇〇三年
小川安朗著「人はなにをいかに着てきたか」文研出版一九七〇年
永原慶二著「新・木綿以前のこと　苧麻から木綿へ」中央公論社一九九〇年
間和夫著「わかりやすい絹の科学　基礎から実際まで」文化出版局一九九〇年
上出健二著「繊維産業発達史概論」日本繊維機械学会一九九五年
梶慶輔著「繊維の歴史」繊維と工業Vol59,No.4,p.121 二〇〇三年
居宿昌義・田中佳子著「手織の技法」理工学社一九七四年
山木薫著「くみひもの研究」総合科学出版一九七八年
ナノセルロースフォーラム編「ナノセルロースの本」日刊工業新聞社二〇一七年

木場昭人著「繊維とエアフィルタ用不織布」繊維と工業・五一巻一九九五年
前川善一郎「第1回小中学生向けテキスタイルセミナー報告記」日本繊維機械学会誌六七巻五号二〇一四年
中尾佐助著「栽培植物と農耕の起源」岩波新書一九九六年
製粉振興会編「小麦粉の魅力」二〇〇三年
石毛直道著「麺の文化史」講談社文庫二〇〇六年
小松左京著「示準料理」甘辛春秋一九六八年
北村昌美著「森林と日本人　森の心に迫る」小学館一九九五年
日本木材学会編「もくざいと科学」海青社一九八九年
宮崎正勝著「世界史を動かした「モノ」事典」日本実業出版社二〇〇二年
坂本功著「木造建築を見直す」岩波新書二〇〇〇年
藤森照信、前橋重二著「五重塔入門」新潮社二〇一二年
光谷拓実著「法隆寺五重塔心材の年輪年代」奈良文化財研究所紀要二〇〇一年
塩野七生著「海の都の物語　ヴェネツィア共和国の一千年」新潮社二〇〇九年
日本複合材料学会編「複合材料のはなし」日刊工業新聞社一九九七年

前川善一郎著「複合材料工学入門（一）～（一二）」プラスチック成型加工学会誌六・七巻一九九四・一九九五年
前川善一郎著「繊維のコンポジットへの応用」繊維機械学会誌五二巻一九九九年
矢野浩之、磯貝明、北川和男監修「セルロースナノファイバー研究と実用化の最前線」エスティーエス二〇二一年
宇山浩著「海で分解するプラスチック」日本繊維機械学会二七回秋季セミナー二〇二〇年

第3章 「細くて長い形」で伝える情報と文化

チップ・ウォルター著、梶山あゆみ訳「この6つのおかげでヒトは進化した　つま先、親指、のど、笑い、涙、キス」早川書房二〇〇七年
島崎清海著「子どもの絵の発達　人類の発達やプリミティーノ・アートとかかわって」文化書房博文社一九八七年
田中敏隆著「子供の認知はどう発達するのか」金子書房二〇〇二年
海部陽介著「人類がたどってきた道〝文化の多様化〟の起源を探る」ＮＨＫ出版二〇〇五年
港千尋著「洞窟へ　心とイメージのアルケオロジー」せりか書房二〇〇一年
ロバート・クレイボーン著、五十嵐雅子訳「文字の誕生」タイムライフブックス一九九七年
ジョルジュ・ジャン著、矢島文夫訳「文字の歴史　起源から現代まで」創元社一九九〇年
吉成薫著「ヒエログリフ入門　古代エジプト文字への招待」六興出版一九八八年

笹原宏之著「漢字の歴史　古くて新しい文字の話」筑摩書房二〇一四年
石川九楊著「書」中央公論新社二〇〇五年
石川九楊著「日本語を問いなおす」ＮＨＫ出版二〇〇三年
Z.Wang M,Liao Z,Maekawa “A study on quantitative evaluation of calligraphy characters” Computer Technology and Application 7(2016) 103-122
大橋力著「音と文明　音の環境学ことはじめ」岩波書店二〇〇三年
中村明一著「倍音　音・ことば・身体の文化誌」春秋社二〇一〇年
柳田益造編「楽器の科学　図解でわかる楽器のしくみと音のだし方」ソフトバンククリエイティブ二〇一三年
佐伯茂樹著「カラー図解　楽器の歴史」河出書房新社二〇〇八年

第4章「道」――「細くて長い形」を歩く文化

東山魁夷「道」東京国立近代美術館収蔵
東山魁夷編「日本の名随筆23」作品社一九八四年
ルーシー・M・モンゴメリー著、松本侑子訳「赤毛のアン」集英社文庫二〇〇〇年
松井利彦著「種田山頭火」桜楓社一九八〇年

フィオレンツォ・ファッキーニ著　片山一道訳「人類の起源」同朋舎出版一九九〇年
チップ・ウォルター著　梶山あゆみ訳「この6つのおかげでヒトは進化した　つま先、親指、のど、笑い、涙、キス」早川書房二〇〇七年
塩野七生著「ローマ人の物語15　パクスロマーナ」新潮文庫二〇〇四年
塩野七生著「ローマ人の物語27　すべての道はローマに通ず（上）」新潮文庫二〇一〇年
宮本常一著「塩の道」講談社学術文庫一九八五年
宮下充正著「あるく　ウォーキングのすすめ」暮しの手帖社一九九二年
堺章著「目でみるからだのメカニズム」医学書院　一九九四年
小山靖憲著「熊野古道」岩波新書二〇〇〇年
奥本大三郎著「完訳　ファーブル昆虫記第7巻」集英社二〇一七年

〈著者紹介〉

前川善一郎（まえかわ　ぜんいちろう）

1939年大阪市生まれ。工学博士、大阪大学工学部卒業。京都工芸繊維大学名誉教授、平安女学院大学名誉教授。大阪市立大学、京都工芸繊維大学、平安女学院大学で約40年にわたり教鞭をとるかたわら、繊維材料および繊維強化複合材料の研究や書の感性評価研究などに従事した。現在は日本繊維機械学会を中心とした学会活動を通じて繊維材料の発展・普及に努めている。

細《ほそ》くて長《なが》い形《かたち》の文化《ぶんか》
—それは人類《じんるい》の直立《ちょくりつ》二《に》足《そく》歩行《ほこう》から始《はじ》まった—

2024年5月10日　第1刷発行

著　者　　前川善一郎
発行人　　久保田貴幸

発行元　　株式会社 幻冬舎メディアコンサルティング
〒151-0051　東京都渋谷区千駄ヶ谷4-9-7
電話　03-5411-6440（編集）

発売元　　株式会社 幻冬舎
〒151-0051　東京都渋谷区千駄ヶ谷4-9-7
電話　03-5411-6222（営業）

印刷・製本　中央精版印刷株式会社
装　丁　　弓田和則

検印廃止

ISBN 978-4-344-69108-7 C0095
幻冬舎メディアコンサルティングＨＰ
https://www.gentosha-mc.com/